特别感谢
万科公益基金会对本书的资助

同学 你好

词曲：肖亦平　记谱：sharph
演唱：小宇宙

1=C 4/4

| 5 5 5 5 5 5 5 7 | 1 - - - | 6 6 6 6 6 6 5 #1 | 2 - - - |
大树和小草 不一 样　　都为我们带来绿春 天

| 5 5 5 5 5 5 5 7 | 1 - - - | 6 6 6 6 6 6 5 | 5 - - - |
星星和太阳 不一 样　　都有自己美丽的光 芒

| 5 5 5 5 5 5 5 7 | 1 - - - | 6 6 6 6 6 5 #1 | 2 - - - |
不管我们是否不一 样　　不管我们学习怎么 样

| 5 5 5 5 5 5 5 7 | 1 - - - | 6 6 6 6 6 6 5 | 5 - - - |
我们都要一样爱自 己　　像爱自己一样的爱 你

| #5 2 5 6 | 2̇ - - - | 7 7 7 5 | 2 5 5 7 6 #5 6 |
到 点儿来 上 学　　同 学 你 好　每个人都不一样

| 7 7 7 5 | 6 6 6 #4 5 - | 7 7 7 5 | 2 5 5 7 6 #5 6 |
同 学 你 好　我们都一样　　同 学 你 好　每个人都不一样

| 7 7 7 5 | 6 6 6 #4 5 - :|
同 学 你 好　大家都 一 样

扫二维码收听歌曲演唱版

本书编辑组成员

顾　问　蔡　蕾　孙钢军

主　编　张　芳

编　辑　张　芳　吴　冲　卢瑶瑶

同学 你好

融合教育二十年
最温暖的情感故事

奇色花福利幼儿园 编

河南大学出版社

图书在版编目（CIP）数据

同学 你好：融合教育二十年 最温暖的情感故事/奇色花福利幼儿园编.—郑州：河南大学出版社，2016.5（2018.8重印）

ISBN 978-7-5649-2414-0

Ⅰ．①同… Ⅱ．①奇… Ⅲ．①学前教育－文集 Ⅳ．①G61-53

中国版本图书馆CIP数据核字(2016)第123377号

策　　划	谌洪波
责任编辑	谌洪波
责任校对	张　丹
封面设计	翟淼淼

出　　版	河南大学出版社
	地址：郑州市郑东新区商务外环中华大厦2404号
	邮编：450046
	电话：0371-86059903
	网址：www.hupress.com
排　　版	郑州市今日文教印制有限公司
印　　刷	北京虎彩文化传播有限公司
版　　次	2016年6月第1版
印　　次	2018年8月第2次印刷
开　　本	787mm×1092mm　1/16
印　　张	15
字　　数	245千字
定　　价	49.00元

（本书如有印装质量问题，请与河南大学出版社营销部联系调换）

序
融合教育从平常心开始

William Henderson 博士的名字和美国的融合教育密不可分。他自 1989 年在美国一所普通公立学校当校长起，该校发生了不寻常的变化：从一所生源不足的落后学校逐步发展为深受家庭和学生喜爱的、有很长等候名单的先进学校，并且以有效的融合教育实践著称；特殊教育的专业支持也从主要在特殊教育班级和资源教室等隔离场所实施转移到每个普通班级，就近入学接受特殊教育支持的学生达到全校学生总数的 30% 左右，其中包括重度和多重的残障学生。2009 年他退休之际，这所学校便以他的名字命名，叫做 William Henderson 博士融合学校（学前至 12 年级）（Dr. William Henderson Inclusion School，K-12）。这所融合教育学校处在一个相对并不发达的区域，有多元文化氛围，深受美国人赞誉。这所学校的校训是："我们在一起更美好！"他本人是个盲人。他被冠之于"融合先锋"，而他，总是以一如既往的激情和卓有成效的方法鼓励和带领许多人做融合先锋。

融合先锋，顾名思义，首先是那些为融合做出努力、取得了成绩并且因此得到公认的个人。那么 Henderson 博士是如何定义融合先锋的呢？2006 年他发表了一篇题为"融合先锋：让特殊成为平常"的文章，揭示了有意义的融合从以平常心看待每个有学习和发展差异的孩子开始。他从以下的几个方面进一步告诉我们什么是融合先锋。第一，因为他们的努力，有认知、功能局限和不同学习及发展需求的学生（我们在这里把这些学生称为融合学生）能够和其他伙伴一起学习并切实地参与到学校的各种活动中。在一个滋养而不是打击的环境中，这些融合学生不仅仅是各种支持和帮助的受益者，更是融合的参与者和贡献者；第二，融合先锋是那些热情、自然舒服地和融合学生互动交流的人；第三，融合先锋以高期望值、高标准挑战和激励融合学生达到适合自己的最好成果；第四，融合先锋有创意地借鉴和使用适当的策略和资源帮助融合学生学习和进步；第五，融合先锋广泛地寻求各方合作，促进融合的发展。

相对于这些融合先锋来说，我们通常看到如下情况：第一，那些有功能差异和不同发展需求的学生在日常的学习中普遍面对的是眼睛盯着他们的局限和不能做的事情上面的人。其实，外界对这些学生的局限的看法有的时候是客观的，大多时候是不客观的，甚至是完全错误的。第二，因为隔离，人们普遍对这些学生不了解，有恐惧感，和他们在一起相处感到很不舒服，无所适从，甚至尽量避免和他们接触。第三，对有差异学生的低期望值和低标准普遍存在，并且很少遭到质疑，使得这些学生从幼儿发展开始，发展就遭到外部条件的制约，让他们的发展在起点、过程和成果全方位受到影响。第四，各种因素可能造成对有创意的课程和教学缺乏关注的兴趣和敏感性，导致有较大学习差异的学生很难融入和获得支持，而包括那些普通学生在内的每个学生的差异性和特长在这种僵硬的学习环境中也会遭到忽视。第五，如果对融合的普遍意义不了解，就会产生认为那些融合的、有特殊学习需求的学生是额外负担的情绪,从而就很难有愿望投入时间和精力为融合的深入发展去寻求多方合作。

我们再具体看看,什么人可以是融合先锋。总结 Henderson 博士的列举,其实人人都可以。比如:

同学,他们和融合学生做朋友,一起学习、活动和娱乐;他们在看到脑瘫同学说话流口水时可以自然地递一张面巾纸,看到有运动障碍的学生以他最快的速度跑步而喝彩、同乐,想办法帮助一个自闭症的同学参与到小组表演中,等等。

老师,他们懂得欣赏融合学生的特长和使用各种辅具学习的技能,把学生的不同学习需求当成提升自己专业素养的机会和动力,不断地给学生提出新的、更高的要求,帮助和鼓励家长做最有利于孩子的入学、升级等选择,等等。

专业人员,及时对融合学生的表现给予鼓励和肯定,耐心和创新地使用不同的辅助帮助有语言障碍的学生以不同的方式交流,为学生的职业和适应性社会技能发展开发机会和指导训练,提高学生的体能,等等。

学校管理者,他们把融合当成每个学生全面发展的契机,以开放的心态不断完善融合的政策规定,支持老师,实施融合校园文化建设等。

助教,他们对融合学生的每一个进步都及时赞赏,适时帮助。

融合学生,他们乐于向同学、老师等分享自己每一个进步、快乐、欣赏和困惑。

家长,为了孩子的融合竭力做好学校伙伴。

员工，认可和鼓励融合学生校园，并积极贡献。

……

这些例子给我们的启示是什么？要把融合教育从期望变成现实，离不开专业的知识和技能，更离不开积极的理念、态度和行动，后者至关重要，给前者方向性指引。桎梏融合教育发展的真正障碍是偏见、负面态度和有意无意的相关作为。融合的先进践行者的卓越之处和共同特点恰恰在于用一些平常而自然的，甚至是微不足道的行为展示出融合可以是很常态的，可以惠及每一个有个性和特点的学生，只要我们以平常心来对待差异和能力。

文／崔凤鸣
特殊教育博士，现任哈佛大学法学院残障发展项目中国部主任

前　言

这本书，缘起于奇色花福利幼儿园的教师随笔集，在决定重新整理出版时，适逢幼儿园开展学前融合教育二十周年，过往的经验告诉我们，专业的精进很重要，理念的推广更为重要。我国融合教育发展的现状是，大部分教育界同人都认同融合教育是一种更先进的教育形态，是未来发展的必然趋势，但实践中的挑战和艰难常常令人困惑疑虑、裹足不前。而社会大众尤其是融合的重要利益相关方——孩子和家长，却对融合这个概念相当陌生，以至于表现出各种担忧、误解和不接纳，很多特需孩子的家长因此放弃了让孩子进入融合环境受教育的机会。其实，在我国已经有很多的先行者在持续践行着融合教育，并且已经积累了很多良好的实践案例，但这些案例大多只停留在学术交流的层面上，无法被更广泛的人群所熟知。所以，我们希望能够编写一本有温度的融合故事集，让任何想要了解融合教育的人都能读得懂并且乐意读。约稿邀请发出后，得到了很多同人的支持和回应，大家在严苛的时间限制内纷纷贡献出了高品质的文稿，令我们非常感动和受鼓舞。唯一遗憾的是由于时间紧迫，还有很多同人我们未能取得联系或约稿成功，期待未来能有机会遍拾遗珠。

感谢专家学者、教育界同行、NGO组织对本书的大力支持，没有他们的全力协助就无法展现出如此丰富的融合画卷；感谢奇色花的老师、家长、志愿者们在过往工作、生活中的持续积累，是他们的执着、热爱和追求成就了这本书的诞生；感谢可爱的孩子们在繁忙的课业、工作之余为我们撰写童年的回忆，他们用生命见证着融合的奇迹，用成长教会我们"教育不可以没有爱"；感谢心智障碍者家长组织联盟秘书长周佩仪女士及其先生肖亦平、儿子小宇宙为本书创作并演唱了同名主题曲，使本书增添了不少鲜活灵动的元素；感谢河南大学出版社的谌洪波老师，正是他多年来持续不断地鼓励和帮助才有了这本书最后的付梓出版；感谢万科公益基金会的慷慨捐助，使得本书最终能呈现在大家面前。

由于编写时间仓促，编辑水平有限，书中难免会有不足错漏之处，望同道和读者雅正。

编　者

目　录

序　　　融合教育从平常心开始／崔凤鸣
前　言

序　幕　梦　开了花

002　梦　开了花／蔡　蕾

第 1 幕　第一个迎接我的人

006　没人绑着你走，才快乐／二　岩
008　天堂大门的钥匙／白　光
011　我是你的妈妈，真的！／刘凯华
013　女儿的融合之路／柯　茜
016　妈妈，为什么会有悦悦那样的孩子？／崔玉玲
018　脑袋里的小螺丝松了／刘惠苹
020　宝贝请你安心长大／桐　庐
022　让全世界看到你／苏雅琦
024　从爱架起的桥上走过／汪莉娟
027　做一个播撒阳光的人／袁印霞
图文故事：我喜欢你／张　芳

第 2 幕　你是我的天使吗

038　同学，你好！／梁　田
040　小灯教堂／郭小姣
042　魏姐姐别哭／魏慧敏
044　长大我要嫁给他／王秀丽　赵利芳
046　她变了／吉艳勤
048　花蕾绽放记／薛　娇　周晨旭　郭小娇
050　我生命中的天使／文　芳
052　洒落路边的星星／王　敏　朱冬梅
054　厕所大作战／李　立
056　童话／张素华
058　"海齐"号蛋糕／王凤雪

图文故事：我要做有用的人／张　芳

第 3 幕　还好那时遇见你

070　不一样的童年／孙　淳
073　"眼镜"，我的好朋友！／邱雨寒
074　永远朝着幸福前行／何　鑫
077　如果能永远留在那段时光里／王祥源
079　亲爱的"猫咪"们，你们好吗？／王　博
081　忆那光阴／高梦洁
083　童年就像是一台时光机／毕建业
085　也来写写幼儿园／吴锦熙
086　我小学的家／袁　帅　田玲丽

图文故事：终于找到好朋友／张　芳

第 4 幕 牵着我的手

- 098 生命——写给每一个慢飞天使／刘喜红
- 100 成全也是一种爱／孟　沛
- 102 为了那不再流泪的眼睛／陈　昕
- 104 最珍贵的拥抱／穆培华
- 106 这是一扇有光亮的门／崔志月
- 108 有你　不孤独／刘永生
- 110 为你建一座城／许延领
- 112 让我牵起你的手／Rebekah Duan
- 114 只为那企盼的眼神／陈寿麟
- 116 千情阙／蔡　春

图文故事：微笑回来了／张　芳

第 5 幕 我们向同一个方向张望

- 124 把校园变成乐园／朱振云
- 129 爱像沮河水流淌／王　玲
- 132 板凳　沙发／吴红英
- 135 那条界线消融后……／蒋辉军
- 138 爱，让每一粒种子都开花／李　岚　曾小斌
- 141 难忘的圣诞夜／蔡明尚　曹照琪
- 143 朝朝变了／宁守英
- 145 看到另一种美丽／苏　林
- 148 我们有什么不一样／黄晶晶
- 151 欢迎来到新世界／海珊珊
- 153 画一片天空任你飞／胡　蓉

156　春天的脚步近了／邹　平
158　让生命更闪亮／邱锦艳
图文故事：工作好快乐／张　芳

第 6 幕　一起爱吧

170　回归教育的本真／李　红
172　残障——不过如此／倪　震
176　在路上／蔡　聪
180　呼唤融合教育的春天／王晓更
185　"融爱行"的诞生／戴　榕
190　接受上帝的礼物／徐　冰
192　默默耕耘　静等花开／陈　傲
196　我想与你分享光明／Marilies Leng-Hartkamp
200　山不过来　我就过去／肖君凤
202　今天的学校决定了明天的样貌／Leah Aw
图文故事：莫扎特的回音／李　玥

尾　声　为你插上翅膀

214　融合教育概说／张文京
218　用"大特殊教育"的理念培养新师资／许家成
221　用专业的力量　奏响梦想的乐章／郑国香

后　记

序　幕

－梦　开了花－

▼ 从那一刻起，我萌发了一个念头，如果我能管理一个幼儿园，一定要尽自己的努力为这些孩子和家长做点什么。于是，一个在别人眼里是「异想天开」的梦想种子就此深埋在心里，悄悄扎根、萌芽……

梦 开了花

1989年7月的午后，天闷热闷热的，一场雨后，天边挂上了美丽的彩虹，就像我和孩子们期盼已久的七彩梦。那时候我还在一所公立幼儿园任教，还是个18岁的"孩子王"，身上充满了青春的活力和孩子般的淘气。风依然热热的，感觉不到一丝凉爽的气息。这样的天儿，何不在水里耍耍？于是带着假期留园的七八个孩子，冲进了临近幼儿园大门口的喷水池，原本还是静静的幼儿园，刹那间喧哗起来，叫喊声、笑闹声此起彼伏，撩水、击水，水花飞溅，欢歌笑语远远地飘荡……

正在热闹之际，忽然看见幼儿园门口来了一对很高雅的年轻夫妇，带着一名小女孩儿，爸爸穿着那个年代最流行的白衬衣、喇叭裤，妈妈穿着雅白的连衣裙，大裙摆下的蕾丝花边随着她优雅的步伐飞舞翻动，小女孩扎着一对羊角辫，辫子上绑着粉粉的蝴蝶结，她双手抓住铁栏杆，好奇地张望着，蹦跳着……

"老师，老师，我们想给孩子报个名。""来啦！"值班老师走出传达室，赶紧跑到大门口，正要开门时，值班老师发现了孩子的异样。"你这孩子是不是有点问题？"面对值班老师的疑问，孩子的妈妈声音低低地回答着什么。"是这样啊，对不起，我们不收这样的孩子。"说完，就要转身离去。听到这句话，那位妈妈央求："我的孩子虽然有点缺陷，但是生活方面还是基本可以自理的，不会给幼儿园增添太多麻烦。求求你啦，收下孩子吧！"

孩子的父亲也不停地说着好话，可是，终究还是被值班老师婉言拒绝了。小女孩双手抓住铁栏杆，含混不清地发出撕心裂肺的叫喊声"妈妈，我——要——上幼儿园——"。值班老师看了孩子一眼，走进传达室，关上了门……

"老师，小妹妹要上幼儿园"，随着一个小朋友的话音，我们都安静了下来，呆呆地看着那一家三口。

年轻的父母蹲了下来，掰着小女孩的手，爸爸哽咽着说："孩子，我们回家吧。""不，不，我——要——上幼儿园！"疼哭的孩子瞪大着眼睛，满眼都是渴盼。泥水顺着妈妈的裙摆和爸爸的裤腿向上、向上……

我情不自禁地走出喷水池，慢慢地向大门走去，我也不知道能做什么，因为我只是一名普通的老师，不能决定什么。

年轻的父母终于用力掰开小姑娘的手，缓缓起身，小女孩踢着喊着，他们只好拖着她离开。我冲到大门口，任由同事的不解"夺"过大门钥匙，出了大门。看着小女孩踢着泥水的双脚，听着她沙哑的哭喊，我的心被深深地刺痛了！那一幕永远地刻印在我的脑海中，天地那么大，那三个沮丧无助的背影却显得那么小，那么孤独，仿佛全世界只剩下了他们三个人。

"让她来我们班上学吧"，我想大声叫，可是这句话卡到我的嗓子里，怎么也出不来。我知道我决定不了什么！

"难道这些有问题的孩子就不能上幼儿园吗？难道家长就只能眼睁睁看着自己的孩子被拒之门外？难道我们就不能做点什么？……"从那一刻起，我萌发了一个念头，如果我能管理一个幼儿园，一定要尽自己的努力为这些孩子和家长做点什么。

于是，一个在别人眼里是"异想天开"的梦想种子就此深埋在心里，悄悄扎根、萌芽……

慢慢地，慢慢地，就开出了一朵奇色花。现在，这朵花已经盛开了二十年，而梦却依然在路上……

奇色花福利幼儿园创办人、总干事　蔡　蕾

▶ 1996年，奇色花福利幼儿园在极其艰苦的条件下开始接收第一批特殊需要儿童

第 1 幕

— 第一个迎接我的人 —

▼ 宝贝,当你于千万人之中选择我做你的妈妈,你一定选了很久,感谢你来到我的生命中与我血肉相亲,做我生命的延续,教会我忍耐、接纳和爱……

没人绑着你走，才快乐

孩子，想给你写个小文。面对着你这样一个纯粹的生命，我常常忘记了喜与悲，而是走入了你的心境，随你的喜而喜，随你的乐而乐。当回过神来的时候，仿佛第一次相见，第一声"baba"还在昨天，那就从"昨天"开始说吧。

那是 2013 年的 3 月，我和你妈妈谈论了语言发育敏感期，她再也坐不住了，带你去了医院，一系列繁琐的检查之后，我们拿到了医生的判决书，说你是个不一般的孩子，那一刻开启了我们不一样的人生。最初，我是很难过的。

可是现实又哪里给我们时间难过，也许只有晚上无人的时候，才能选择一时半刻默默垂泪。东方既白，又要带着内心的煎熬与满面的笑容陪着你接受各种专业训练。爸爸很怕，怕你像书上说的一样，将你的人生捆绑在社会的枷锁之上。那时，我们真的只有一个愿望，就是你能够自立，过上自己的生活，做一个具有独立思想的人。

我们也是很幸运的，虽然在教育问题上家庭里面有很多不同意见，好在我们都坚持让你走上了融合教育的道路。在奇色花的这一年，你收获了太多的第一次，第一次自己穿衣，第一次自己吃饭，第一次讲故事……这些变化，不但是你生活技能的提高，更是你信心的树立，让我们看到了一个开心快乐的你、自由自在的你、遵守纪律的你。此时此刻我真的相信你能够活出自己的精彩。

奇色花的全纳教育，给了你一个远离歧视、自由发展的平台，这对于更多障碍孩子是一个多么可望不可即的事情。我们的社会在进步，文明的程度逐步提高，社会资源也有了向弱势群体倾斜的趋势，但是还远远不够。

更多的孩子需要更多的奇色花，资源虽然不易转移，但是理念却是极易传递，真心希望有更多的障碍孩子能够接受规范的教育，摆脱枷锁，快乐生活。

孩子，爸爸在社会上摸爬滚打，早已谙熟竞争的残酷，也知道等待你的将是更加困难的人生，但是只要没人绑着你走，一步一个脚印，你终会走出一条属于自己的道路。等你走累了的时候，回回头，这里还有父亲陪着你，有道是"金风玉露一相逢，便胜却人间无数"，这哪里写的是爱情呀，分明是父亲的心。

奇色花福利幼儿园孩子家长　二　岩

天堂大门的钥匙

当还是上小学的年纪时,我住在一个几栋三层楼围起来的大四合院里。院里的人都很熟悉,小孩子们也都聚在一起玩。那时候,在我家对面的楼上,住着一个叫小西的男孩子,大概二十几岁,我们都叫他傻西。经常能看到傻西的奶奶牵着他的手穿过人群,奶奶个子小小的,却总是一副目不斜视、大义凛然的样子。小西被奶奶拖拽着跟在身后,脸上总是笑嘻嘻的。他的腿弯弯的,每一步都重重地又快速地蹾在地面上,发出"呲呲,呲呲"的声音。也偶尔听到他站在家里三楼的阳台上,对着外面发出"哇哇,哇哇"的声音,很像某种鸟儿的啼叫。我们这些正在楼下玩沙土的小孩子听到了就会笑他:"傻西又在叫了,他是想爸爸了吧。"我们从来没有见过傻西的爸爸和妈妈。

在隔着一条马路的楼上,有一个比我小几岁的女孩子,她的头长得很小,她的妈妈经常会抱着她在楼下玩。我和同学们放学经过时会笑着叫她"小头,小头……",她的妈妈会非常粗鲁地大声咒骂我们,于是我们嬉笑着跑开……很多年后,我也做了妈妈,一天在跳广场舞的人群中,我一眼就看到了她。她应该也有近三十岁的年纪了吧,身体微微地发福,头还是小小的,和身体的比例越发显得不协调了。我矗立在不远处,看着她怡然自得地舞动着身体,感觉她就像老朋友那样温暖亲切,虽然她从来不认识我。

后来,在和很多人的交谈中,在很多的文学、影视作品中,都会提及这样的人,似乎在每个人的生命中都会或远或近地接触到他们,也许在现实的生活中,也许在遥远的记忆里。而我也从来不曾想到,我会离他们如此之近,近得超越了所有时空的距离,近得融入了彼此的骨髓、血液和命运里。

当得知自己的儿子是和"傻西"或者"小头"一样的孩子时，我很有种中头彩的感觉。从此很多片刻，我都有生活在梦境中的不真实感。人生原来真的可以过成剧本。那些在小说里、新闻里看到的故事，原来真的可以上演在每天平淡无奇的生活中。而我就好比正在市场里逛街买菜的平头小老百姓突然被推上了华丽的歌剧舞台，生活顷刻间就换了布景，换了主题，自己已然不是自己了，可又闹不明白该演谁？而这一场又究竟是悲剧、喜剧还是肥皂剧？

独自一人时我常常在想，养育一个特别孩子的难处到底在哪里呢？当我和家人待在一起时，常常会赞叹，我怎么会生出如此可爱又独特的孩子呢。我和孩子的爸爸也常常调侃他的笨拙和迷糊，我们爱他所有的小缺点，也只希望他能快乐健康地成长，就像天下每一个做父母的一样。

可是当我们带他出去，总会遇到很多紧抓不放的目光或者刨根问底的关切。孩子长大了，偌大个城市却找不到一所可以容身的幼儿园和学校，只好任由渴望玩伴的他追着院子里的孩子到处跑。看孩子的老人们不是赶紧将孩子抱走护起来，就是用自己的身体做墙挡在两个孩子之间。从他们紧张的表情中，我看到的是切实的恐惧。

我想人们对异于自己的个体所产生的排斥和恐惧是本能的，也是深植于整个人类的集体潜意识中的。这其实也是所有的歧视、偏见、冲突和矛盾的原型。但同时，它也给我们映照出了另外一条反向的道路——接纳差异，创造一个平等、包容、和谐、充满爱的世界。教育是铺就这条道路的基石，只可惜现如今的教育重视的是知识，比拼的是分数。更多的竞争、更高的智能真的能让这个世界变得更好吗？

我们周围的特殊儿童的确是越来越多了，单就自闭症来说，20年内患者比例就由万分之一上升到了八十八分之一。面对这样惊人的数字，我也常暗自思度，也许他们是带着使命来的吧。他们很像一面哈哈镜，将我们的自私、刻板、固执、封闭、焦躁、情绪化放大一千倍反映在我们面前。看看周遭的生存环境，就知道我们是多么地自我、傲慢、顽固和不知悔改。这样一个集全球顶级专家之力都无法破解的难题，也的确是让人类自恃的智慧走到了尽头。所有的医生、治疗师、家长都在和孩子进行着一场"你要变得像我们一样"的战争。最终，又要有多少母亲跪在废墟上哭泣。难道我们真的要和自己的孩子在争战中虚耗一生吗？难道他们真的就不可以做一个"怪异"的自己？

  我宁愿相信，这些孩子是上帝送给人类最珍贵的礼物，他不分国家、种族、经济、环境、信仰而将这些礼物撒向世界的每一个角落，一定有他的计划。我们都把他们当问题，但也许他们是答案。他们是钥匙，而我们是拿起钥匙的手。上帝一定在微笑地看着我们，等我们用爱承载着那把钥匙，打开通往天堂的大门，然后一起回家。

奇色花福利幼儿园孩子家长　白　光

我是你的妈妈，真的！

昨天，一个朋友给我打来电话，她说槐花又开了，是不是我们的小畅孺又长了一岁。我含笑答道："是啊，孩子催得我们不由得老了。"放下电话，心中不由百感交集，九年的时光一晃而过，我的小畅孺已经从那个小小的襁褓中的婴儿长成了一个大小伙子，而其中的苦辣酸甜让我学会了什么是努力付出，什么是坚持不懈，什么是大爱无言——感谢儿子，谢谢你来到我的身边，教我用一颗感恩的心，去珍惜每一个生命，去体味生命中上天赋予我的一切；无论苦难还是不幸，我都将努力克服，而不负你来到我身边的使命——让世人知道并容许你的存在，让更多的人愿意帮助你，愿意接纳你，愿意与你共存。

儿子，十年的时间弹指一挥恍惚如梦，但是，在我人生最美丽的十年，我拥有了你，你陪伴着我。在能感到你的第一次胎动的时候，我是那么欣喜若狂，那么感恩，感谢你愿意来到我的生命中与我相伴，与我血肉相亲，做我生命的延续。曾几何时，我那么期盼你是个天才，去完成妈妈未完成的心愿，但现在妈妈只希望你是一个正常平凡的孩子，能够健健康康长大，上一所普普通通的大学，取一个平平凡凡的老婆，过一生琐碎的日子——但这一切显得那么高不可攀，那么遥不可及，以至于我只想做一个普普通通的母亲都显得那么奢望。

当你于千万人之中选择了我做你的妈妈，你一定选了很久，才放心把你的生命、把你的尊严交付到我的手中；当你于茫茫人海之中选择我做你的妈妈，你一定选了很久，才放心地来到我的身边，来教会我什么是爱；当你于万丈红尘之中选择我做你的妈妈，你一定选了很久，才终于肯把你的心放到我的掌心，你那么怕我会拒绝你，所以你用千百种方式来考验我，你用千万种方法来教会我,让我在苦难中学习感恩,在困境中学习快乐,在绝望中创造希望。

儿子,十年了,今天我站在你的面前,终于能够稍微欣慰,你以你选择的状态生活,而我为维护你的生活状态将付出我所能付出的所有努力,让世人给你理解,给你尊重,和你共存,不负你来到我身边的意义,不负你选择我的良苦用心。我将努力去做得更好。可是,儿子,你知道吗?妈妈也很累,也有走不下去的时候,因为有了你,妈妈有很多的东西都不一样了,包括我的事业,我的婚姻,我的梦想——我都需要做出我本不愿意做的牺牲,但是,你选择了我做你的妈妈,我不敢有丝毫懈怠,于是,我的世界只有你,尽管你的世界没有我。

五月的第二个周日是母亲节,第三个周日是助残日。而今年,你的生日在两者之间,你一定是想提醒我,让我时刻以一颗母亲的心帮助像你一样的孩子,你真的是天使,时时教我爱。而在这中间,是"5·12",这个让我们伤痛的日子,在那一天,我看着你安然地睡在我的身边,我那么得感恩,相识是缘,相守是分,我们的缘分还在继续,生命是多么得美妙,而我们还拥有它,这是一件多么美好的事情。

槐树又开花了,你又长大了一岁,当你抱着你的小狗和我并肩漫步在夕阳中的时候,我知道,派你来到我身边的天使在天上一定会微笑。今天早上,我问你,我是谁?你说:"你是妈妈。"然后,你歪头想了一下,又说:"真的!"我抱着你,禁不住哭了,儿子,若你是一个正常的孩子,取得了骄傲的成就,我会为你而骄傲,我会因你而受到尊重;但是,你是一个特殊的孩子,你也许终生都需要被帮助,但我仍会为你而骄傲,我也因你而备受尊重。因为,我是你的妈妈,真的!

辽宁省金石幼儿园创办人　刘凯华

女儿的融合之路

学校新年大合唱比赛,女儿亦然站在舞台上,和高一三班的其他55位同学一起,唱着《LET THE MUSIC HEAL YOUR SOUL》。全班同学只有她一个人拿着歌词纸,那张纸总是挡着她的脸,我看不到她的表情,但看到她随着旋律摇晃的身体,在站得整齐笔直的同学中显得那么突兀,但又那么和谐——我眼眶有微微的湿润,拿起手机,拍下她和小伙伴们在一起的这一刻。

女儿亦然是个自闭症孩子,从幼儿园到小学到初中,再到现在高一,我们一路跌跌撞撞,但都有幸在普通教育体系中和普通孩子坐在同一间教室,形式上算是 CRPD(《残疾人权利国际公约》)中第二十四条的融合教育。这条融合之路,很多自闭症家长羡慕着我们,但大家也都知道,其中的酸甜苦辣,很难用言语说出来。

我们是在亦然五周岁才知道"自闭症"这个词的。第一次带亦然到康复中心训练,我站在教室外默默流泪,但有点可耻的是,看到康复中心竟然有这么多的自闭症孩子,我心里竟然莫名安慰了许多。虽然在世界权威机构的统计中,自闭症孩子的比率高达0.8%,但学校里的校长和老师对"自闭症"这个词却是陌生的。亦然七岁时,我们到范围内的小学报名,校长和老师未曾接触过这类小孩,一时很难接受,一再强调这是普教系统不是特殊教育系统,让我们到残联等其他地方想办法,但整个汕头市都没有专门接收自闭症学龄儿童的机构啊,我们只好硬着头皮跟校长求情,最后学校看在我们家长也是老师的份上,同意我们自己找陪读阿姨,试读一个月。

然后就是亦然不断地出各种状况,我们不断地被请到校长室喝茶,校长和老师不断委婉地劝我们退学,我们一再厚着脸皮要求再让我们试试,就这样，再试试，再试试，就试了九年。这九年，虽然经历了各种担心焦虑，各种黯然神伤，但我们还是庆幸遇到越来越理解、接纳我们的校长、老师和同学。亦然上初中后，我所在高中的领导照顾我，破例让亦然来学校随班就读。虽然没有学籍。但我们已经非常感激，在开学前跟所有的老师和班里同学做了充分地沟通，亦然又一次幸运地融入一个新的集体。

亦然的幸运是个个案，就现在的环境来说，实现真正的融合教育还有非常远的路要走。但这并不意味着我们家长可以轻言放弃。相反，我们更应该积极努力。

我们有一些经验可以跟大家分享。其中最重要的是如何跟学校的老师处理好关系。很多孩子的家长不愿意告诉老师孩子是自闭症，也许是不想孩子被歧视，也许是怕老师放弃孩子，但我觉得一定要事先跟老师做好沟通，把孩子的特殊性先告诉老师，尤其要让老师知道孩子什么事情是做不到的，请老师不要"一视同仁"。我们在开学初就送给校长和老师每人一本介绍自闭症的书《蜗牛不放弃》，并请求校长不要把亦然的成绩计入班级，怕拖了班级后腿。班里要开公开课，我们都自觉旷课。有什么捐款捐书活动，我们都踊跃参加。

经过一段时间的磨合，老师们觉得亦然不但不会对班级造成太大的负面影响，而且潜移默化地改变了老师和同学。比如，亦然对周围的氛围很敏感，每次老师严厉批评同学，亦然都会很害怕，有时甚至冲到讲台，请老师不要批评同学，让老师哭笑不得。但慢慢地，老师们都下意识地控制自己的情绪，尽量不在班上发脾气。而那些调皮捣蛋的同学，从一开始整天想捉弄亦然，到慢慢地会顾及亦然的情绪不说刺激她的话，会帮亦然拿书、开门、倒水。下课亦然在走廊奔跑会有同学帮忙照看她的安全，每次六一活动亦然收到的礼物都是最多的。大家都觉得有了亦然，班集体不再是一个普通的集体，这种特别的感觉让大家更有爱、更团结——这是我们家长和老师从未想过的意外收获！所以说，融合教育对家长、对老师都是一个不小的挑战，但却值得去实践。每一个特殊的孩子，在努力适应开放环境的过程中，也用他的笨拙和执拗，向世界宣告他的存在和价值；但融合教育不能只靠每位特殊孩子的家长去厚着脸皮争取，融合教育也不能寄望于某位校长和老师的同情心。我们渴望有真正的平等，有更多的支持来让所谓的特殊孩子走上融合之路。

我们设想有这样的未来：每所学校的校长和老师都能了解什么是融合教育并认识到它的积极意义；每一位学生都能愉快地接纳与众不同的同学，并懂得和他相处，乐于给他必要的帮助；每个特殊的孩子，不仅在教室里有自己的位置，还能有自己的朋友。融合教育，不再是一个陌生的词汇，而是一个文明的方向！

汕头自闭症孩子家长　柯　茜
本文原载于《有人》杂志

妈妈，为什么会有悦悦那样的孩子？

幼儿园门前熙熙攘攘，我牵着女儿的手，心中还是难免踌躇，这是女儿换的第三个幼儿园了。因为我的原因，一心扑在工作上，却在孩子幼小的时候，没有给予足够的关爱，让孩子生性过于腼腆、拘束，不爱表达自己，又自私地总想着自己。记得一年夏天，我买了一箱小奶糕，是女儿的最爱，女儿竟因为他的叔叔吃了一根而哭闹不止，这件事，让我下定决心要给孩子转学。

古时有孟母三迁，我也是辗转打听，最终，不顾全家的反对，把女儿送到了这所融合教育的幼儿园——奇色花，希望孩子在这里得到爱，学会爱，传播爱。

有一天，女儿问了我一个问题："妈妈，为什么会有悦悦那样的孩子？"

我说："悦悦怎么啦？"

女儿说："她看起来怪怪的，很多事情都不会……"

听完，我在沉思，该怎样更好地回答孩子呢。在女儿的成长环境中没有接触过与她有异的孩子。每一个家庭，每一个孩子的降临，包含着多少幸福的期盼，可是，世间不如意的事，十有八九。我也感到很难过，女儿只是惊讶于有悦悦这样的孩子存在，却没有想起要帮助悦悦，甚至是害怕她的。这大概是独生子女的通病，从出生，一直是得到满满的爱，很少能想到付出。

日子就这样一天天过着，转眼女儿就要毕业了。

是从什么时候开始呢？女儿挂在嘴边的一句话是"妈妈，今天我又帮助了悦悦"，我常常微笑地摸着她的头，说她很棒。

其实，女儿最大的变化，是不再先想着自己了，她学会了表达爱。比如我把工作的疲惫带到了家里，女儿竟会注意到，并常常贴心地给我各种惊喜。

只要去接女儿，她总是会拿出一张用心制作的绘画作品，紧张兮兮地连声问："妈妈，你喜欢吗？开心吗？天很冷，每天一个礼物，会不会感觉温暖点呢？"这个冬天特别冷，我天天骑着电动车上下班，回到家，手冻得冰凉，她经常捂着我的手问："妈妈，好点没？"更不必说给我捶腿按摩，我感动得差点掉泪……

从心底里，我感谢奇色花的老师们，是他们撑起了孩子生活的爱的天空，让我的女儿在这所幼儿园里，更加善良，心中充满爱！

奇色花福利幼儿园孩子家长　崔玉玲

脑袋里的小螺丝松了

关于融合教育，在孩子上幼儿园之前根本没有听说过，也从未想过关注。对于奇色花福利幼儿园，之前觉得也不过就是一个一般的幼儿园，与其他的幼儿园并没有什么区别。直到有一次与小区里的一个家长聊天，谈起给孩子选择幼儿园时，才听她说起奇色花福利幼儿园招收特殊的孩子。她的原话是这样的："我才不要让我的孩子与那些傻子、呆子们在一起上学呢，跟他们呆久了肯定会影响我的孩子……"她的话着实让我感到惊讶，一是因为她本身是个高知女性，没想到思想却是如此的狭隘与冷漠，二是因为原来真的有幼儿园愿意接收特殊孩子。

回想起从小到大听到看到的特殊孩子，除了家里条件好的能上特殊学校外，根本没有听说正常学校会接收他们，在我的学生生涯里也从来没有接触过这样的同学。这也使得我对奇色花保有着强烈的好奇心和关注度。

孩子入园后不久，一件事情让我对奇色花的这种有爱的融合教育感受深刻。有一次帮一位家长代接孩子时，在教室门口看到一个瘦瘦高高的男生正在用力地一下一下推晃教室门，情绪非常暴躁，而他身边正有两位老师一直在柔声细语地安慰他，轻抚他的后背。在回家的路上，我问那个孩子怕不怕这样发脾气的同学，可他的回答让我非常感动。"老师说他们像我们一样可爱，只是有时候他脑袋里机器的小螺丝松了，做事情会有些不一样，我们要关心他、爱护他、帮助他。"随后问了其他几个孩子，他们都是同样的回答。在奇色花这种关爱、包容的融合教育环境下成长起来的孩子都是这么有爱心，着实让人觉得不可思议。

更让我开心的是，我的孩子在上了一阵子幼儿园之后也变得特别有爱。他以前没入园的时候表现得比较自私任性，不知道心疼人。现在在家里会帮我洗菜、拖地、倒垃圾,还会帮我吹头发,在我忙碌时会说"妈妈辛苦了"。有一次我带他出去玩,在半路看到一个盲人老先生坐在路边拉二胡卖艺挣钱。孩子问清楚情况后,非常认真地对我说:"妈妈,那个老爷爷真可怜,这么热的天还在路边拉琴,咱们给他点钱让他买水喝买饭吃吧!"孩子的善心让我非常感动。孩子班上也有几个特殊的孩子,他常常跟我讲那几个孩子的事情,讲瑞瑞的小辫和蝴蝶结,讲琪琪会剪纸了,讲森森今天笑得很开心,讲瑞瑞扬起的沙子眯了自己的眼睛,讲一起滑滑梯时告诉佳音不要怕,佳音就敢滑了……有一次其中的一个特殊孩子把他的后背狠狠咬了一口,牙印儿半个多月才褪去。看我心疼,他还安慰我说不疼,说他已经原谅了那个孩子,因为他的螺丝那会儿又松了。

  融合教育,就是爱的教育,它在孩子们小小的心灵里撒播下爱的种子,伴随着他们的成长,这颗种子一定会生根发芽,将爱洒满人间。感谢奇色花的融合环境教会我的孩子爱与忍耐,这将是他一生取用不竭的财富。

奇色花福利幼儿园孩子家长 刘惠苹

宝贝请你安心长大

在宝宝很小的时候，我就看过《牵一只蜗牛去散步》这篇文章。那个时候满眼都是宝宝的好、宝宝的可爱。只要一有时间，我就会陪伴他，带他走遍郑州大大小小的公园。常常是同事们在享受着午休时光，我却在电脑前奋力修图，编写宝贝的成长日志。我幻想着他三岁后要带他去爬山，让他有一个充实快乐的童年，还要锻炼他的意志，把他培养成有担当、有意志、有爱心、有美德的四有少年……

然而，一切的美好都停在了宝宝两岁的那个春天……

医生告诉我诊断结果的那一刻，我原本可爱的宝宝仿佛突然变成了另外一个陌生的孩子。我匆匆辞掉刚刚奋斗来的工作，开始每天带他穿越半个城市去做康复训练。正直春暖花开的季节，但我的天空一下全部蒙了灰。不能自理、爆发的情绪、家中的锁链……网络上描述的信息常常令我恐惧地颤抖。为什么是我遇到这样的事情？为什么我酷酷的孩子竟然是天上的星星？

宝宝三岁时，我们把他送进了一家小幼儿园，希望和同龄孩子的互动能带动他的成长。我每天都会站在幼儿园旁一个小工厂的2楼，偷偷地隔着窗户看宝宝的情况，看到他满操场乱跑，看到他不和小朋友排队，看到老师拉他回教室，他躺在地上，老师先看了看大门口又放开了手……

辗转地，我打听到一所专业开展融合教育的奇色花福利幼儿园，等待幼儿园录取通知的那段时间，我的心情比等待自己的大学录取通知书时还要焦灼。我依然记得刚入园不久，老师闪烁着眼睛跟我夸宝宝今天把积木当成汽车前后推的那种表情，虽然我内心呼喊着这是刻板这是刻板，但老师由衷欣赏孩子的心却着实让我感动。起初，我也有些怀疑自己放弃机构训练，为孩子选择完全融合教育模式的决定是否正确。都说 6 岁前是孩子早期干预的黄金年龄，没有一对一的干预训练孩子会不会一直重复刻板行为、满足他自己的狭隘的兴趣？孩子会不会在幼儿园跟小朋友发生身体的冲撞……那段时间，每天都在忐忑不安的心情中度过。

接下来的发展却一点一点消除了我的顾虑。在奇色花的日子里，几乎每周我都能听到老师讲述宝宝的进步：会自己穿袜子了，会自己叠衣服啦，很积极地帮助老师收玩具……听到这些，我的心情如同绽放的春花！过了一段时间，老师又带来好消息：宝宝和小朋友有眼神的交流了，宝宝能独立把全班的毛巾送到洗衣房……宝宝开始关心周围的人，情绪行为问题越来越少，之前的那些症状也渐渐变得不再那么明显。不知不觉，我们又迎来了春天。老师就如同春雨，润物细无声般的引导，让我的宝宝像个小花苞一样慢慢地开始舒展绽放。和暖的春风里，我思索着，爸爸妈妈上班，宝宝上幼儿园，我们乱如麻的生活终于又正常了！生活不就该是这样吗？

闲暇时我还会和全国各地自闭症孩子的妈妈们保持联系，经常看到微信群里说有些孩子在幼儿园被排斥，有些能力很好的孩子被老师特殊对待的信息。每当这些时候，我就会特别庆幸，庆幸宝宝能有这么大的福气，生长在这样的环境里，有爱他的老师，有喜欢他的小朋友，有足够的时间和空间等待着他慢慢长大。很喜欢宝宝的老师说过的一句话：我们的宝贝，就像一颗种子，每颗种子都有自己的使命和成长方式，上天把这颗种子撒在我们手里，并没有告诉我们种子长大之后是什么植物，只是告诉我们要浇灌它，让它健康茁壮地成长。是的宝宝，无论你未来是大树是小草还是奇异的花，都请安心地成长吧。

奇色花福利幼儿园孩子家长　桐　庐

让全世界看到你

宝贝！明天你就要上学了

宝贝！明天，无论如何，对你来说都将会是一个值得铭记的日子。因为，你要上学去啦！在这之前，妈妈花了很大的精力，拜访了多位幼儿园的负责人和老师，在说明你的情况后，几乎都得到了或直接或委婉的拒绝："你们的孩子会影响其他孩子的正常学习和生活，我们园里的老师没有经验照顾这样的孩子……"尽管妈妈一再解释你是如何如何地人畜无害，但这些解释在老师和"望子成龙"的普通家长那里显得那么得苍白无力。因为他们不想因为你的影响使他们的孩子输在起跑线上，尽管你已经倒在了起跑线上……

终于，彩虹双语幼儿园肯"收留"你，从明天起，你将会有新老师、新小伙伴、新环境，当然，还有新挑战，你可能还不明白这一切对你来说意味着什么。

感受来自他们的爱

就爸爸、妈妈来说，对幼儿园老师和各位家长的理解和接纳之举镂骨铭肌的同时，也无不有如履薄冰之感，生怕有一天你的行为问题会影响到其他的小朋友，或者会造成老师的不适。宝贝！到现在为止，你融合已接近两个学期，在这期间你的老师们对你呵护有加。他们对自闭症有一定的了解和认识，所以他们对你的一些行为问题表现出最大限度的理解和帮助，在生活方面还会特意安排老师辅助你吃饭、睡觉、穿衣服；在平日的游戏或者集体活动中，老师也会特意引导其他小朋友多与你进行互动和交流；在老师的引导和鼓励下，小伙伴们都很乐意和你一起玩儿，并和你成为了好伙伴，懂事的哥哥、姐姐们总是会帮助你，尤其是在玩玩具、做游戏的时候总会让着你这个有时不太讲理的"小霸王"。每周五的"分享日"他们都会带来自己心爱的玩具和好吃的与你分享，他们表现出与自己年龄不相符的宽容和大度，这与老师以及家长们潜移默化的教育和引导是分不开的。宝贝，你是不幸的却又是幸运的，不幸的是爸爸妈妈让你在某些方面表现得有些特殊，幸运的是你总能遇到爱你、包容你的好老师，包括以前在康复机构的特教老师，接纳你的小伙伴，以及充满爱心的叔叔阿姨。

咱是来贡献的

融合，对于你来说无疑是最好的，也是我们最希望看到的。你虽然特别，却也是我们的珍宝。我相信上天创造了你，你就一定有价值，即使很多人还看不到这价值。我始终认为像你这样特别的生命，是应该被看见的，越来越多的像你这样的孩子出现在我们身边，是所有人需要共同反思和面对的客观事实。无论对方采取什么样的方式来对待你，排斥也好、接纳也好、嘲笑也好、善待也好，那其实是他们的事情，是他们需要学习的功课。所以，你其实是来贡献的，你贡献出了你的整个生命，那么作为家长的我们又有什么权利因为自己的自卑和脆弱而将你隐藏起来呢。所以，爸爸愿意将你擎举在肩头，让全世界看到你。因为，咱们就是来贡献的。

兰州德爱心智障碍者社会服务中心家长　苏雅琦

从爱架起的桥上走过

星广三岁才被诊断出自闭症,从此,按部就班的生活就变了样。经过三年的特殊教育加生活教育的经历,星广在六岁时终于进了兰州交大附属幼儿园大二班,可是,是偷偷混进去的。但是纸终究包不住火,被发现只是早晚的事情。由于星广执着地开关门,严重影响了老师上课。因为担心其他小朋友的安全,幼儿园园长找我谈话,我怀着内疚和忐忑的心情和园长及班主任全盘托出了孩子的实际情况和这几年的经历。

原本以为可能会被退园,结果善良的园长同意了我半天陪读、半天回家自己教的要求,我满怀感恩。一句"每个孩子都有受教育的权利"让我泪流满面。从此星广开始了全新的幼儿园生活。在幼儿园里,每个老师和阿姨见到星广都会微笑打招呼,门口的值班爷爷无论何时我进入幼儿园都耐心和蔼地帮我开门。

班主任齐老师是个很善于引导孩子的老师,她看到星广坐到后面容易走神,就在上课前将星广调到前面的座位,还安排了热心的小朋友坐在星广旁边。当星广有时走神或者没有听清老师的要求时,小朋友会提醒他,让他能注意到大家正在做的事情。听我说过这样的孩子容易刻板,齐老师就隔几天给星广换个座位,让他能适应变通而不固着在一个位置。午餐前发碗发盘子是孩子们都喜欢干的活,因为只有表现好的孩子老师才会分给他这个任务。为了让星广能有参与感,齐老师每隔几天就会让星广发一次碗、盘子或者餐勺。在这个任务中,星广还会抬头观察其他的小朋友,谁的发过了,谁的还没有,发错了小朋友会告诉他,他再改正,虽然比普通孩子慢,但是他的进步越来越明显。甚至他开始有了自己喜欢的小朋友。记得父亲节前的一次区角活动,是画自己的爸爸。星广缺乏想象力,我就帮他用铅笔勾勒了线条，然后他自己描边，涂色。画完后，好几个小朋友都说："星广画得真好啊！"结果星广走到他喜欢的小女孩辰辰面前，拿着画对她说："你看我画得好看不好看？"那一刻，我热泪盈眶，他又向前迈进了一步。

幼儿园每个月都会为过生日的宝贝们办一个生日冷餐会，每个班还要表演一个节目。大二班的王老师是舞蹈专业出身，她总是会教给孩子们一些好看的舞蹈，孩子们都喜欢学。可是对于星广来说，变化很快的动作太难了，因为还没等他反应过来，动作就换了。于是王老师就反复给孩子们示范，让大家跟着她一起跳。其实普通孩子大部分都已经会跳了，王老师就是让星广能多看多练习，还让我录了视频回家教。通过反复的练习，每次生日冷餐会，星广都能参与节目，他特别开心，我更开心。跳得多了，星广的模仿越来越好，以前看到新动作还需要我手把手辅助，现在自己就能跟着慢慢做了。他也越来越爱去幼儿园，越来越喜欢爱跳舞的王老师，走到哪里都喜欢拉着王老师的手。

生活老师田老师是个很爱美很健谈的老师，她总是喜欢故意找话题来和星广对话，把一个话题通过不同的问题来提，就是想逗星广多说话。而我却欣喜地发现，她简直就是一个现成的语言老师，这些对话方式其实正是星广开发语言思维和语言理解所需要的。她还会抓住星广每一个好的表现来公开表扬他，让星广更加有自信，也更加明白在幼儿园应该怎样做。

大二班的孩子们是一群天使，他们纯真而善良，当星广跟不上大家已经会的舞蹈时，有小朋友会仿照我辅助他的样子，抓着星广的手教他跳；当星广没有听到老师的集体指令时，会有小朋友对他再说一遍；当星广和他们一起玩体育游戏时，他们会为星广喊"加油"。在他们眼里，星广和他们没有什么不同，只是慢一点而已。甚至，在选举班长时，会有小朋友给星广提名，还有小朋友投票给他。星广也会举手选他心中的小朋友，看到这一幕，我和齐老师会心地相视而笑。

六一儿童节，星广第一次独立参加了节日演出，看着队伍里认真跳舞的他，我百感交集。成为星星的孩子是不幸的，但是却何其有幸认识了这么多善良的人。正因为有了这样愿意付出且懂得支持的环境，星广才体会到幼儿园生活的丰富多彩，星广才会对他的同龄伙伴感兴趣，星广才会明白在学校和在家里是不一样的。有支持的融合环境是星广与这个世界建立认知联系的桥梁，感恩兰州交大附属幼儿园的樊园长和全体老师，不但支持星广参与幼儿园的生活,幼儿园还出资让老师参加融合教育的培训。希望未来这样的幼儿园能越来越多,让更多的星星宝贝都能度过普通而快乐的童年时光。

兰州德爱心智障碍者社会服务中心家长　汪莉娟

做一个播撒阳光的人

2005年,我经历了人生中最困难的时期。工作上的调整让我面临着从头起步的困境,丈夫又被单位派到外地工作,在无老人帮衬的情况下,我一个人带着四岁多的孩子艰难地过着日子。偏偏就在那个节骨眼上,孩子所上的幼儿园又突然停办。带着极度的无奈,我游走在大街上,给孩子寻找可以插班的幼儿园。在诸多不如意中,我和女儿却幸运地与奇色花结缘。

起初,奇色花的融合教育带给我的是特别复杂的感受。在我固定的思维模式里,那些特殊的孩子是会打人的,而且打人后不负责任。刚转到奇色花的那段日子,于我来讲过得有点慢。我在担心孩子是不是适应新环境,也在担心她有没有被特殊的孩子欺负。每天从幼儿园接她回家的路上,看着她兴奋地跟我分享她的幼儿园故事,一点儿也不关乎我的焦虑,我到嘴边的问题又咽下了。孩子那么小,我不忍心把"特殊孩子"这个概念传递给她。

有一天,孩子回家后不是太高兴,她给我讲:"妈妈,今天我们班上有个小朋友不乖,他把安磊哥哥给打疼了。"后来我才知道,她说得安磊哥哥是一个特殊的孩子,已经十来岁了,高高大大的,被一个大班的孩子给打了。在那一刻,我突然意识到,在和那些孩子融合的过程中,谁欺负谁是我需要重新思考的问题。

对特殊孩子的偏见让我深深地自责。他们是弱势的群体,不被歧视、不被欺负本是他们深深焦虑的问题。我这个成年人对孩子都会有偏见,孩子会不会也有偏差的认识呢?我可不想孩子在冷漠中成长,没有同情心、包容心和责任感。当从老师口中得知女儿很大方地和特殊孩子一起玩耍,那些特殊孩子也很愿意跟她一起玩的时候,我内心充满了感动。我开始庆幸我为孩子做了一次正确的选择，让她到奇色花来没错。毫不夸张地说，在奇色花的时光给了孩子终生的给养，在孩子的心中点亮了一盏七彩明灯。

在这里，她很快乐

女儿在以前幼儿园上学的时候，每天下班，我都匆匆忙忙地赶往幼儿园接她，尽管我骑车很快，可走到幼儿园的时候，总是迟了，大多数孩子都被接走了，她和所剩不多的几个小朋友，抱着自己的小书包，一脸委屈地坐在门口的小凳子上，眼睛里闪烁着未干的泪水。每一天，她都跟我重复一句话："妈妈，明天你能不能第一个接我？"

来到奇色花后，我还是跟以往一样，下班后匆匆去幼儿园接她，教室里还是剩下她和不多的几个小伙伴。老师带着他们几个在开心地做游戏，以致我喊了好几声她才听见。当我把她从游戏中带离的时候，她是多么不舍啊！很多的时候，她会跟我说："妈妈，下次接我的时候，别来那么早，我还没玩够呢！"

在这里，她天天充满了好奇

女儿从幼儿园回来跟我讲，她的幼儿园里有"男阿姨"。我一听就笑了，阿姨都是女的，怎么会有"男阿姨"呢？说实在的，第一次看到男性幼教老师，就是在奇色花。以后，我经常听女儿跟我讲她的大米老师、梳子姐姐、雪人哥哥、鱼哥哥。喊惯了老师的她，是带着怎样的新奇去称呼自己老师不同寻常的名字啊！在以后的很长时间里，这些都成了她跟小朋友炫耀的资本。

奇色花的很多玩具，都是孩子和家长通过奇思妙想后动手制作的。一个普通的饮料瓶，易拉罐，一堆形状不一的碎布头，都会变成新颖别致的工艺品。我和孩子一起用旺仔牛奶易拉罐做过一对小高跷。绿色的皮筋套在脚上，易拉罐踩在脚心，走起路来像古装清宫剧中的女鞋。那对小高跷，孩子特别喜欢，一直保存到她上中学，我们搬家的时候才丢掉，她当时抱怨我把她的童年丢掉了。

在这里，她一天比一天自信

都说自信源于实力。对于一个孩子来讲，她的自信却是环境和周围的人一点点滋养起来的。给每一个孩子一个舞台，让奇色花的老师们殚精竭虑。在我家的墙上，有一张奇色花为孩子制作的相框，画面上，孩子扎着可爱的麻花辫，穿着那条蓝色印花的小裙子，被外籍志愿者牵在手里，扭着模特步，走在 T 台上。孩子的表情充满了幸福与快乐，浑身洋溢着成功的喜悦。看着这幅照片，我不需要知道那天发生了什么，我只需要感谢那天发生的一切，因为幼儿园的活动让我的孩子展示了生命的光彩。

在这里，她触摸了一个广阔的世界

一想起 2005 年的圣诞节，连我都忍不住快乐起来。那天晚上，我作为家长，和孩子一起参加了奇色花的圣诞表演。那个晚上，我们一会儿生活在白雪公主的故事里，一会儿变成了魔法师，骑着扫把飞行在神秘的国度里，一会我们又变成土著，穿着草裙，在原始的部落里狂舞，孩子兴奋得很晚不睡，她害怕一闭上眼睛，快乐的圣诞节就消失了。

在现在的教育中，信息越来越多，教育教学手段越来越先进，可是孩子们的校门却被锁死，他们的活动空间越来越小。在我们上学的年代会外出看电影、春游、郊游，在目前的校园里濒临绝迹。然而，奇色花的孩子却能够和大学生志愿者去放风筝，可以去参观大学校园，到游乐场去玩耍，在他们的一生中，这都是可以炫耀的经历。

临毕业前的六一节，我带着孩子参加奇色花的义卖活动。那是和特殊孩子们一起在紫荆山公园义卖，孩子们的手工作品被热心的市民买走，把或大或小的钞票放到了公益箱，我看到女儿双手合十，默默地祈祷，看着她虔诚的模样，我的鼻子酸酸的。

今天，是一份殊胜的缘分，让我可以回忆八年前我生命里那道奇色的光芒，然而再多的回忆都不及眼前孩子所呈现出的一切来得实在。我家妞妞已经十三岁了，长成了一个亭亭玉立的大姑娘。我很满意她现在的状况：她开朗、勤奋、善良，她有追求、爱生活、会交往。感谢奇色花在孩子生命的早期播撒下的阳光，相信她也终将成为一个阳光的播撒者，温暖更多的生命。

奇色花福利幼儿园毕业生家长　袁印霞

图文故事

▼ 我喜欢你

▶ 我叫瑞瑞,今年6岁

▶ 我喜欢做手工

第1幕 第一个迎接我的人 ◀ 033

▶ 我喜欢打扫卫生

▶ 我喜欢帮老师铺床

▶ 我喜欢帮助小朋友。"汤米,张嘴,啊——"

▶ 我喜欢音乐和舞蹈

▶ 我喜欢和小伙伴们在一起

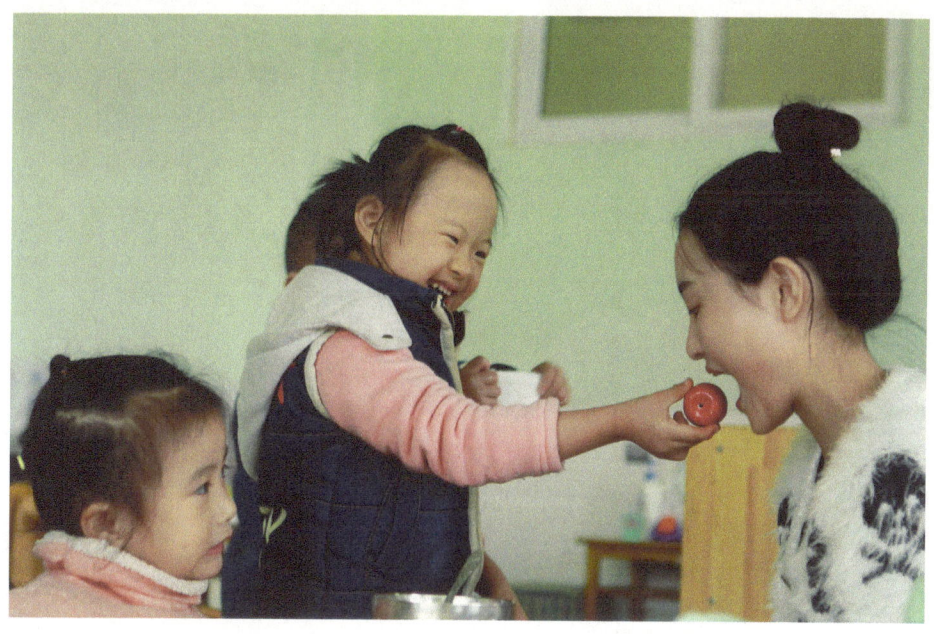
▶ 我喜欢和老师做游戏

▶ 我喜欢妈妈陪我一起玩

▶ 我喜欢你！你喜欢我吗？

摄影/文字　奇色花福利幼儿园　张　芳

第 2 幕

－你是我的天使吗－

▼ 若干年之后，在充满歧视和偏见的荆棘之路上，会生长出宽忍博爱的树和慈美良善的花。而那些带着特殊印记在这世上行走的灵魂，也将永远被心底的这抹温暖激励着，满怀自信地前行……

同学，你好！

嗨，同学！请允许我这样称呼你。好久不见，我在想你，不知道此时此刻你是否也在想着我！是否还能记起那些年我们一起走过的梦幻般的时光！

十四年前我带着对教育的憧憬和一颗纯净的心走进了奇色花。那一年，你在奶奶满怀希望和陪伴下走进奇色花，就这样我们成了彼此的同学。坦白说我没有做足接纳你的准备，面对你怪异的动作、冷酷的表情、清澈但退缩的眼神、封闭的内心，那一刻我有些忐忑，不知道该如何与你相处。接下来我使尽浑身解数，却始终未能融化你冰冷的心。迎接我的是满地的狼藉、同学的告状、家长的投诉，我开始质疑自己的选择，想过退缩、想过拒绝、想过放弃。直到有一天，我在打扫卫生时不小心被柜角碰破了头皮，有些渗血，班上老师帮我拿来云南白药和碘伏清理伤口，刚抹上药，你跑过来拿起药瓶朝我的伤口重重地磕了一下，药洒了我一头，我又疼又气，正准备冲你发火时，你对着我说："抹药、抹药不疼。"我愣了！原来你会说话，还会关心人！泪水不可抑制地淌了我一脸！喜悦、甜蜜、感动、心酸……二十多年来我从未体会过如此复杂的内心感受。我想，那是没有从事过这个职业的人永远都无法体会和理解的感受。

在这里你收获了太多的第一次，第一次完整地描述一件事，第一次参与班级卫生整理，第一次到超市购物，第一次在同学家庆祝 5 岁生日，第一次被同学误会而伤心地流泪，第一次和同学同台演出……我知道你已经完全融入这个大家庭。

慢慢地我发现你是那么得纯净和美好，你怀着一颗好奇的心来到这个世界上，用一颗真实、善良的心拥抱、接纳这个世界对你所有的不公，你总能活在当下，也总能宽容他人的缺点，忘记生活中的不快。我后悔曾经与你计较，也庆幸好在那天自己碰破了头，才得以走进你的世界。和你相处久了，我变得越来越简单纯粹，越来越知足感恩，越来越懂得珍惜眼前的小幸福，越来越接纳别人和自己的不完美。原来一个生命的成长可以带动另一个生命也变得如此丰盈。

三年的快乐时光很快结束，一方面为你的成长倍感欣慰，另一方面我害怕这一天的到来。你有着无限的潜能，你需要一个像奇色花一样充满爱、尊重、接纳和包容的能满足你需求的环境。可是在那个时候，这几乎就是一个幻想。我真不希望这一段快乐的结束，意味着下一段痛苦的开始，我默默地为你祈祷，但很遗憾你还是回到了三年前封闭的生活状态，这成为我心中永远的痛。也是在那一刻意识到自己肩膀上的责任有多重，如果不能推动融合向前发展，又要有多少孩子走回和你一样的老路，这也成了我之后工作的动力和一生的使命。

十年了，一切都在发生着改变。我从一名老师走上了管理岗位，看到了更多和你有着同样需求的同学，也结识了更多为推动融合理念而奔走呼吁的同伴，我们一起努力地走在路上。但愿不久的将来，可以看到你们的笑脸不仅绽放在奇色花，也绽放在你们人生的每一段旅途中。

不知道长大的你是什么模样，是否依然保持着那份简单与快乐，不管今后的道路有多难，请记得，我就在你身边，我就在你心里……

奇色花福利幼儿园园长　梁　田

小灯教堂

"小灯虽小,却可以在无边的黑暗中给夜行的人带来光明和陪伴。让那夜行的人儿,不再害怕和孤独。"

——(台湾)李家同《太阳下山后往回看》

那个飘雪的寒假,窗外银装素裹,白絮儿不紧不慢地漫天飞舞。

正是吃午饭的时间。室内温暖如春,饭菜的香气和着饭碗上腾起的热气,缭绕在整个房间。幼儿园的老师们,都在吃着饭,欢笑声不时响起。有人呛着了,拿手掩着嘴巴,笑着咳着。

她最后一个进来,两手端着自己的饭菜,笑意盈盈。还没来得及放下饭菜,她的手机响了。她顺手将自己的饭菜放在旁边的柜子上,掏出手机接了电话。

"你开车小心些,路滑。"她叮嘱道。

对方不知道回了一句什么话,她突然间泪如雨下。

她用手捂着嘴,眼泪滂沱。看得出她在努力让自己平静,终于对着手机又说了一句什么,因为她控制不住哽咽声,听不太清。

有几个老师吃完了饭,正准备出去刷碗,发现了,就放下碗,坐在她身边陪着她。

后来,老师们才知道这通电话背后的故事。

对方是一个特殊孩子的爸爸。这个特殊孩子本来是由奶奶陪伴着,千里迢迢从外地来到郑州的奇色花福利幼儿园上学,爸爸妈妈夜以继日地工作赚钱养活全家。但是奶奶的身体每况愈下,终于不堪重负。现实逼迫他们不得不举家返回自己所在的城市,离开了奇色花,也等于是远离了希望。

爸爸载着行李独自茫然地行驶在返程的高速路上，内心徘徊在绝望的边缘。

他对她说："姐姐，如果可以，我愿意此时此刻出一场车祸，不拖泥带水，干脆利落，一了百了……"

她眼泪纵横。她想要帮助他，帮助更多的人。但是，现实却总是无奈。她一个人的力量再大，总还是显得那么微弱。

接下来的半天，她带着全体员工，紧锣密鼓地讨论，制定新一年的战略规划。她必须更加努力，因为她不愿再看到家长绝望地流泪。

她不知道她究竟能为他们做到多少，但她会全力以赴……

小灯教堂，带给每一个有信仰的人一份信念和温暖。不管多么微弱，小灯教堂的光都会一直亮着，为夜行的人守住内心的温暖。

奇色花福利幼儿园　郭小姣

魏姐姐别哭

他不是故意的，而我也不是故意的，可是他关门时用了点力气，把我的五个手指头全夹了进去，我感到疼疼的，像个孩子一样落泪了，只是没发出声音。

可是孩子们还是看见了我红红的眼睛，正元先跑过来问："大米姐姐，谁弄到你的手了？""我没关系，去玩吧！"我努力克制自己，可是正元马上告诉了别的小朋友，他们几乎一窝蜂一样涌了过来，七嘴八舌地问起来：

"魏姐姐，你是怎么了？"

"魏姐姐，手很疼吗？让我看看吧？"

"魏姐姐，是谁欺负你了？"

……

我知道那个孩子不是故意的，他这会儿正不知所措地低着头。我便让孩子们散开去玩，"我的手没关系，一会儿就好了，你们去玩吧！"可是他们非追问个究竟，秋旭看见了，就对他们说是龙辰，是龙辰关门时挤着我的手了，这下，靖靖和源源几个人就去把龙辰叫了过来："龙辰，你怎么这么不小心，快去跟魏姐姐道歉！"

这几个孩子像个小大人，我看见龙辰很不情愿，赶快阻止他们："让龙辰去玩吧，我的手不疼了，他也不是故意的，不要怪他！"可他们还是像玩"奥特曼打怪兽"的游戏一样把龙辰叫到了我面前。

"快呀，快跟魏姐姐说'对不起'！""龙辰这次是不小心，下次关门的时候慢点就好了，是不是？"龙辰点了点头。

"你们瞧，龙辰都知道下次小心了，你们一起去玩吧！"这次总算散开了，但是不一会儿，源源和玮玮去班里拿了几个葡萄给我："魏姐姐，别哭了，这几个葡萄给你吃！"艺文、艺蕾拿了个椅子搬到阳台给我："魏姐姐，你坐下歇一会。"可心和唐宝宝牛牛端了一杯水："魏姐姐，喝口水吧！你又不吃葡萄，也不坐椅子，这水你一定得喝。"牛牛说话不清楚，但是仍用他的语言表达着，把水端到我面前，让我喝。

"呜呜……"我又哭了。

"魏姐姐，你怎么又哭了？"

"你们好好去玩游戏，魏姐姐就高兴了，快去吧！"

……谁都知道，这次是感动的。

下午放学的时候，唯一妈妈说："唯一说，接送卡给郭老师吧，别给魏姐姐，魏姐姐手受伤了，可疼……"

……

我坐在这里写这些的时候，已经是半个月后，可是事情却似乎刚刚发生，孩子们天真的表情和真心的关切，在我心里生了根，正是这种感动，让我这么爱我这个职业。孩子们，谢谢你们，你们的魏姐姐会坚强起来，想哭的时候，就会想起你们的声音："魏姐姐，别哭！"

奇色花福利幼儿园　魏慧敏

长大我要嫁给他

（一）

一天，上完数学启蒙课，漂亮的琪琪来到我面前轻轻地对我说："老师，我告诉你一个小秘密，你可不要告诉别人呀。"

她还有点害羞呢！

"什么秘密呀？"我也压低声音回应她。

"我长大了要嫁给群群，我要和他结婚。"

"为什么呀？"

"他，大大的眼睛，双眼皮，长睫毛，个子高高的，还喜欢拉着我笑，小朋友都喜欢他，我也喜欢他。"

"嗯，是的呢，老师也很喜欢他呢。"

……

（二）

"我想帆帆，帆帆怎么还没有来？"爱哭鼻子的君君早上一到园就问。君君脾气很倔，但是她只要看到帆帆小朋友，就会露出可爱的小脸，她喜欢与帆帆玩，也喜欢帮助她，所以，帆帆也很喜欢君君。

记得有一次，帆帆中午不睡觉，她让我给她画手表，画完一个又伸出另一只手让我画，两只手腕上都画完手表后，她还缠着让我画，我就在她的手腕上方画了一朵小花，画完小花她更开心了，笑嘻嘻地说："还要画，继续画。"我想了一想，就在她的胳膊上写下了"我喜欢艺帆"几个字，她问我："你写的是什么呀？"我给她念了一遍，她腼腆地笑着说："我也喜欢王老师！"过了一会儿，她又跑来找我："老师，你再帮我写几个字吧。"我说："写什么呢？"她笑眯眯地说："我喜欢君君。"我说："为什么？"她说："因为君君也喜欢我。"

于是，我就把"我喜欢君君"几个字写在了帆帆的胳膊上，她静静地看着，看着……

起床了，我想把帆帆胳膊上的图案和字洗掉，可她紧紧地按着那几个字，就是不愿意。第二天来园时，听帆帆妈妈说，帆帆晚上睡觉前还是不肯把那几个字洗掉。

群群和君君是有特殊需要的孩子，但是在孩子眼里，特殊这个词只是意味着需要更多的帮助和关爱，除此之外，便再无差别。所以，他们都将最纯最真的情感投放在彼此身上，可以爱，也可以被爱。

这份原始的情感是多么宝贵的种子，又是多么温暖的底色啊。若干年之后，在充满歧视和偏见的荆棘之路上，会生长出宽忍博爱的树和慈美良善的花。而那些带着特殊的印记在这世上行走的灵魂，也将永远被心底的这抹温暖激励着，满怀自信地前行……

奇色花福利幼儿园　王秀丽　赵利芳

▶ 孩子们都将最纯最真的情感投放在彼此身上　　（摄影　张芳）

她变了

"老师，早上好！"随着孩子礼貌地问候，她面带微笑，手拉着儿子走进了教室。

咦！她今天做了一个新发型，人也显得精神了好多。"你真的越来越漂亮了。"我由衷地赞叹。她也笑着说："心情好了，什么都跟着好了……"望着她满脸笑容离去的背影，当初她带着孩子入园时的情景又浮现在我的眼前。

那时的她，两眼无神，脸色暗淡，头发也毛毛糙糙的，没有一点光泽，衣着也是很随便的样子，每当说起孩子的时候，都是一脸的忧郁和无奈。因为孩子，她一直承受着沉重的心理压力，精神上也饱受折磨，言行举止时常让人感觉不太舒服，当时，我甚至有点怀疑她的精神是不是出现了什么问题。

她的儿子今年5岁，患有亚斯伯格综合症。她说为了改变孩子的状况，她曾想尽了一切办法，甚至不惜花很多钱去买来一大堆玩具，为了是给孩子找来一个玩伴，但效果都不理想。为此，她的确是伤透了脑筋也费尽了心力。

入园后我们几位老师和她一起，针对孩子的情况制定出了个别化融合教育方案。起初是尊重她的意见，对孩子采取"赏识教育"的方法，但在实施的过程中，我们发现这个方法并不太好，对于孩子日常生活中出现的一些行为问题，不但没有起到效果，还产生了不好的影响，导致孩子更加偏执，甚至不能分辨是非。于是我们经过商讨决定改变方法，做的好的给予适当的表扬，对于孩子犯的错误，在批评教育无效的情况下，强行性地进行纠正，绝不让步。对此，当初她很怕伤了孩子的自尊心，确实，有好几次，孩子的反应都很强烈,又蹦又叫,大喊大叫。但是我们没有妥协,坚持了下来,后来发现孩子在日常生活和游戏中能和其他小朋友进行简单的交流和沟通,而且不再那么偏执了。

她也感受到了孩子的变化,开始积极地配合老师。她说:"谢谢老师们,看着孩子一天天进步,我心里真是有说不出来的高兴。"现在的她,脸上的自卑和忧郁已被灿烂的笑容所取代,心态变了,外表也变了。专业的教育理念和宽容接纳的融合环境改变了孩子,孩子的进步鼓舞着她,想来,她的变化也一定在影响着她的家庭和身边的每一个人吧……

奇色花福利幼儿园　吉艳勤

花蕾绽放记

冬季的早晨,朝阳还未升起,天还有些黑。一缕朝霞低垂在东方的天空。一高一低两个影子迎着霞光向奇色花福利幼儿园走去。

突然,清脆的童音响起:"老师,早上好!"一名骑电动车的女士应声答道:"哎呀,是果果呀,果果早上好!"进到幼儿园之后,果果向见到的每一位老师鞠躬问好。紧接着果果来到了户外,加入到早操的行列,随着音乐翩翩起舞,是那么得忘我。旁边的老师和小朋友都被果果的动作吸引了,忍不住纷纷夸赞。

可是,谁又能想到,两年前果果是这样的:

一走到幼儿园大门口就嚎哭不止,拉着家长的手无论如何也不松开,更不愿意进教室,对教室有一种莫名的恐惧感。老师一直微笑并把她抱过来。一到楼上,歇斯底里的哭声更加欲罢不能、震耳欲聋。老师依然微笑着。老师了解到果果喜欢音乐,于是就把她带到了户外,拉着她的小手一边唱一边散步。大约一个半小时,果果渐渐平静了。老师说:"果果,我们再唱一首歌就要回教室了。"

一首歌后,老师陪着果果慢慢地上楼了。刚走到班级门口,平静的果果又撕心裂肺地哭起来,一把鼻涕一把泪的,老师看得也挺心酸,拿纸准备帮果果擦鼻涕,突然,计上心头。老师把纸放在教室靠近门口的凳子上,之后走到果果面前,蹲下去坐在地上,看着果果轻轻地唱起了《小螺号》,此时,果果把目光转向了老师,目不转睛地看着。老师说:"果果,我们来擦鼻涕吧!"果果没有反应。"果果擦擦鼻涕就会更漂亮。"老师又说道。这时果果"嗯"了一声。老师高兴地指了指凳子上的纸说:"果果,拿纸擦鼻涕。"果果起身向教室走了两小步,站在放纸的凳子前。老师此时欣喜若狂，及时对其进行了鼓励并为果果擦了鼻涕。

第二天、第三天……纸放的位置越来越远。终于，在老师长期灵活运用"正向支持"、遵循"循序渐进"的原则下，加上对其兴趣点、增强物上的巧妙结合，果果能高高兴兴地独自进出教室了。

就这样，慢慢地，经过一两个月的适应，在老师坚持不懈的努力下，在同伴全心的陪伴下，在家长极力配合下，果果这朵花蕾渐渐地绽放了。

果果从一开始抵触地大哭大闹到每天开心地上幼儿园，从上幼儿园前还全天穿着纸尿裤到现在自行自如上厕所，从不愿意进教室到开开心心进教室，从一天不吃喝到餐餐吃得香甜，从不沾床到主动上床睡觉，从不愿意和同伴互动到主动交朋友……她一天天地变化着、成长着、进步着。

像果果这样的有特殊需要的孩子还有很多，但是不论遇到怎样的孩子，我们都坚信，理念对了，方法对了，孩子一定能进步。

是全纳的教育模式，让我们接纳每一位不一样的孩子；是全纳的教育模式，让我们的每一位老师能将特教手法运用于普教，将普教有效与特教结合，更专业地应对每个孩子的个体差异；是全纳的教育模式，让每一个孩子都享受到个性化支持……

奇色花福利幼儿园　薛　娇　周晨旭　郭小娇

▶ "我来当小小火车头"　　（摄影　孙钢军）

我生命中的天使

不知道是上天的安排还是机缘巧合，我的生命中出现了一个"慢飞天使"，也正是因为他，我接触到了现在从事的工作——融合教育，邂逅了更多出现在我身边的一个个"天使"们！

转眼间来到奇色花已经3年多了，在这之前我从事了12年的幼儿教育，但从不知道什么是融合教育，不知道还有把"每一个孩子都是特殊的"当作理念在进行教育的幼儿园。怀着一颗好奇而忐忑的心，我来到了奇色花。对于只有普教经验的我来说，刚开始会有些顾虑和担心，害怕自己没有经过特教的学习，会无法应对特殊需要小朋友出现的种种状况，担心自己没有好的方法去支持他们。可是一切证明我的这份顾虑和担心是多余的。当我来到奇色花的时候，我根本就找不到这些"天使"，他们在教室里同其他孩子们和谐地相处着。大家平时互不干扰，但在"天使"们出现"问题"的时候，小朋友又会及时地出现在他们身边给予帮助。我还清楚地记得我刚到奇色花的时候看到的那一幕：午饭后婷婷坐在小椅子上摆弄着手中的玩具，可突然身体在椅子上左右晃动，旁边的一个小女生发现了她的举动，立马放下自己手中的玩具带着婷婷来到了卫生间。后来向班里的老师了解到原来婷婷是一个唐宝宝，控制自己的排便可能对于她来说有些困难，但现在已经稍微有些好转，知道在短时间内控制一下。与她每日朝夕相处的小朋友竟然能了解到婷婷的需求，并能及时地给予她帮助，作为大人和一名老师的我又怎么会做不到呢？这彻底地打消了我心中的那一丝顾虑。

特殊需要的孩子，他们首先是孩子！所以通过这三年多的学习、工作及实践，我发现我们普通幼儿教育的方法在这些孩子们身上同样适用。他们喜欢有趣的游戏，喜欢美妙的音乐，喜欢用画笔勾勒出自己的世界。只是他们的速度会慢一些，想法会与我们不太相同，很多想法及情感可能没有办法用语言表达出来，需要我们帮助他们说出来，其他方面都与我们是一样的。所以普教知识作为基础加上一些特教方法的学习与使用，让我同这些小朋友走得更近。

　　这学期我带的是小班，班里有一个可爱的小男孩丁丁，每天与他的相处让我每天都感到"痛"并快乐着！丁丁是一名自闭症的小朋友，有简单的语言交流能力、自理能力，但自我控制能力、人际交往能力较弱，并且严重地偏食。她刚到幼儿园的时候经常给我们制造一些"小麻烦"，所以班里的老师们都时刻关注这个小家伙的一举一动。班里的小朋友也知道要帮助丁丁，在喝水的时间会有小朋友在丁丁没有听懂集体指令的时候，带着丁丁一起去拿水杯，并提醒丁丁"快点喝水"。站队去户外活动的时候也会有小朋友把丁丁带到队伍当中。同伴的力量真的是太神奇了，班里没有一个小朋友觉得他有什么不同，每天都相处得很愉快。还有令我们头疼的就是丁丁的偏食，几乎所有的蔬菜、水果他都拒绝吃，也正是因为这一原因，所以他经常便秘，家人也感到很头疼。我们班组的老师在一起经过一段时间的观察，查找他的兴趣物，商量出了解决的方法：以兴趣物奶片作为增强物，先让他少量地试吃一种蔬菜，在他吃下蔬菜后马上给他喜欢吃的奶片。经过一段时间的尝试，丁丁现在对蔬菜不再那么抗拒了，有时还会自己主动拿着勺子吃。看到丁丁的这一转变，我们心中有说不出的喜悦！

　　"小星星，亮晶晶，我要把你摘下来，送给视障人当眼睛，让他们重新见光明……"在每天早上上班的时候，我们全体老师都会集中到一起唱这首我们的园歌。"让更多特殊需要的小朋友享受平等的受教育的权利，给他们必要的急需的支持，使他们将来能够更好地融入到社会中。"这是我们的使命！虽然有时会觉得累，但当看到这群"天使"那天真无邪的笑脸，看到家长欣慰的笑容时，我觉得自己的工作真的很有价值。感谢我家的"天使"，因为有了你，作为妈妈和老师双重身份的我，才能遇到我生命中的天使们！

奇色花福利幼儿园　文　芳

洒落路边的星星

记得小时候,村子里有些人说话不着边际,有些人什么都吃,不讲干净不干净,有些人只会傻笑或大哭……不懂事的孩子们会追着他们喊傻子、神经病。当我在奇色花工作之后,我才有机会真正了解这样的人群。就像《遥远星球的孩子》这部纪录片讲的那样,他们就像是从另外的星球到来的旅客,虽然显得与我们格格不入,但他们有自己的思想,有自己的生活方式,他们只是迷路了。

我来幼儿园后接触到的第一个有特殊需要的孩子叫宝宝,他帅气、白嫩的外表惹人怜爱。他喜欢旋转的东西,一看到眼睛就会发亮,嘴角就会上扬,那笑容,仿佛能将整个世界融化。他有一些独特的地方:他从来不爱和我说话,总是一个人做自己想做的事,像一片树上的叶子,孤独飘零;他喜欢听空调里发出的声音,总是坐在空调边听得出神,一听就是老半天;他非常有秩序,特别爱站队,愿意跟着老师的口令"121、121"踏起脚步……

慢慢地,我们发现了宝宝对音乐的兴趣。午休后起床时,听着轻音乐,不用说话,帅帅的宝宝就会走到窗户旁把窗帘全部打开,再跑到抬床的老师对面,默契地和老师一起抬。衔接时间弹琴唱歌时,总会有一个自由的身影飘到钢琴旁,专注地盯着钢琴上一个个跳跃的琴键,当时的我其实并没有在意,还自责地想,是不是待他太松了,都跑到钢琴旁边了也不拦着,但看着他那好奇专注的眼神,终不忍心赶他回座位。我从来没有正儿八经教过他,只是偶尔握着他的手指头哼着简单的儿歌捣那么几下。哪知有一天,他竟自顾自地掀开钢琴琴盖,用一个手指头戳着白键,一个音一个音顿着弹,竟是《两只老虎》的完整版旋律!我们惊叹于他的无师自通,音准如此之高,真是自愧不如。后来,我们跟他妈妈建议让他学弹钢琴,但传统的教法对于宝宝并不完全适用，于是，我们又给他介绍了之前在幼儿园工作过的钢琴教师刘老师，刘老师针对宝宝的情况指定了独特的教学策略。以培养乐感、激发兴趣为主，使宝宝爱上了钢琴课。宝宝班上的周老师也尽可能多地创造机会给宝宝弹琴，渐渐地，宝宝的琴声取代了播放器里的轻音乐，时常回荡在教室的上空。宝宝也因为在钢琴方面出众的天赋而被身边的小伙伴们所崇敬和喜爱，大家都叫他"钢琴王子"。现在的宝宝已经十多岁了，弹琴依然是他最爱的事情，我们很庆幸在他儿时能有这样的机会，让这样一个聪明可爱的孩子能够在这个陌生的星球上找到他所钟爱的事物，有钢琴陪伴，也许他会不那么寂寞吧。

美国疾病与控制中心最新研究表明，每 52 个婴儿中就有一例自闭症病患，且病因不明，药物无法治愈。这就意味着会有越来越多遥远星球的孩子来到我们身边。都说存在即是合理，我想上帝创造如此独特的宝贝，必有恩典在里面。很多人说我们做的事情伟大，我却认为是与孩子们的相处丰富了我的生命、拓宽了我的境界。无数颗星星洒落在路边，在呼唤身边有爱的路人。而每一颗星星，都有他独特的美丽，在等待发现的眼睛。

奇色花福利幼儿园　　王　敏　朱冬梅

厕所大作战

新学期一开始，我留意到班上有个叫小宇的孩子不爱说话，也不和小朋友们一起玩耍，我来到她面前，和她打招呼，她也不理我。后来和她的父母沟通，才知道小宇是一个患有自闭症的孩子。

通过两个月的融合学习，小宇进步挺大的，吃饭时挑食现象少了，上课时注意力也集中了。面对小宇的点滴进步，我们三位老师打心眼里高兴。但是有一个让我们和家长都十分头痛的问题一直没有得到很好地解决，那就是小宇的排便问题。小宇总是站着排便，而且还要分好几次。我们很想帮助小宇改变这种不良习惯，但自闭症的特质就是固执和刻板，一旦某种行为成为习惯便非常地难以改变，如果硬来会引起孩子剧烈的情绪反应。

在和家长的沟通中，我们得知他们在家里也尝试过让小宇蹲马桶，但是小宇只会站着使劲，不会蹲着用力，也吵过也打过也尝试过很多办法，但是当遇到小宇剧烈地反抗和哭闹时，父母也只得妥协。

难道就没有解决的办法了吗？难道要让孩子一直这样下去吗？难道只能每天对家长说，真不好意思，孩子又拉了一裤子吗？孩子要自信、自立，首先一定要自理，只有可以很好地掌控自己的身体才有可能很好地掌控环境，才能够树立较强的自信心去与人交往、学习和生活。排便这个问题可能会对小宇未来有着深远的影响，一定要想个办法来帮助她！

有一次午饭时，我正在拖地，突然听到小宇的哭声和蔡老师的声音："小宇，去厕所拉吧。"我回头一看，小宇又站在洗手池旁排便呢。啊呜！又一场较量开始了，蔡老师跟在她后面，手中拿着几张卫生纸，她怕小宇直接拉到塑料垫子上面，不好清理。我脑子里闪过一个念头，无论如何，试一试吧！我放下手中的拖把，拉着小宇去蹲便池。小宇非常聪明，她边哭边看我的脸色说:"李老师,我不想蹲在那里拉臭,不想蹲在那里拉臭……"我用双手拉着她蹲在大便池旁,她用尽全身力气想挣脱站起来,我坚持了几分钟后,也快拉不住她了。就在要放弃的时候,我深深地吸了口气,对自己说:冷静!坚持!温柔地坚持!一定要坚持下去!接着,我换了一种轻松的口气对小宇说:"小宇你很棒,我听说你都会数数了,老师和小宇一起数50个数吧,数到50以后你就可以站起来了。"小宇边哭边数,她数得快,我故意数得慢一些,这样当我们一起数到30个数时,小宇就开始拉臭臭了,我一直在旁边给她加油。然后我急忙向一旁的蔡老师使个眼色说:"蔡老师啊,你快点给小宇拿湿巾擦屁股吧!小宇的书包里有湿巾,小宇都会蹲着拉臭臭了!"蔡老师和我很有默契,她懂我的意思,故意延长了几分钟的时间才把湿巾送过来。

"小宇,你好棒啊,会蹲着大便了!""小宇,你看,蹲着大便裤子好干净啊,香香的,再也不臭臭的了!""是哦,小宇真是长大了!"我们三位老师及时地由衷地夸赞小宇,小宇也因为这件事情很有成就感,一下午都是笑呵呵的,她笑起来还真是可爱呢!

第二天,小宇大便时很配合地就去厕所了,自己会数50个数,老师在旁边看着就可以了。虽然事后小宇也反复跟我们较量过几次,但我们一直秉持着"温柔地坚持"这一原则,慢慢地小宇终于养成了稳定的良好的排便习惯。

通过这一件小事,我深深地感悟到,即使是有特殊需要的孩子,他们也有着很强的学习能力,关键是要有持久的耐心和专业适宜的教育方法。同时也让我更加确定:永远相信孩子,永远相信教育的力量!

奇色花福利幼儿园　李　立

童话

圆圆的轮胎上坐着两个孩子,一个漂亮的小女孩和一个可爱的小男孩。他们在欢快地嬉戏着,小嘴巴里还念念有词,我好奇地走近他们,倾听到一段这样的对话。

女孩说:"宝宝,你看我的嘴巴,跟着我唱:两——只——小——海——螺……"

片刻的宁静之后,男孩便慢半拍地唱着:"两——只——小——海——螺……"

女孩期待的眼神里,立刻闪烁出惊喜的火花,拥抱着男孩并肯定地赞美:"宝宝唱得真好听!"稚嫩的童音在清新的空气中穿梭着,男孩听到后,抬起头显出自豪的神情。

就这样,女孩一直这样耐心地教男孩唱歌,每当男孩慢半拍地唱完一句时,女孩的眼睛都会闪烁出一次惊喜,并对男孩一次次肯定地赞美,每次男孩的小腰板都会挺得更直,那么得自信,那么得开心。刹那间,我的心颤了一下,一种难以形容的感动在我的灵魂里久久回荡着,无法平息……

这不就是融合教育的最高境界吗?无需特定的安排与计划,孩子们很自然地相处,彼此提供必要的支持和鼓励。这幅画面定格在了我的记忆中:一个极其认真的女孩在很耐心地教一个男孩唱歌,这是天籁之声……

彩色的海洋池里是谁在"游泳"呢?走近一看,一群欢快雀跃的孩子正在海洋球的怀抱里尽情地跳啊、"游"啊……两次喧闹声之间的片刻宁静之后,我听到孩子们异口同声地说:"月月,看我们是这样游的,你也这样游好不好?"月月很专注也很感兴趣。在孩子们期待的注视下,她似乎笨拙而又滑稽地"游动"着,但却是那么美。孩子们看到这些,"游"

得更欢了,像一个个跳动的音符,欢快的笑声仿佛一首和谐的童乐,在海洋池的上空回旋着……

回到活动室,在安静图书区,天天、翔宇、依依、娟娟围坐在浩浩身边,共同阅读着《恐龙世界》,平时很少主动讲话、似乎很孤独的浩浩,绘声绘色地讲述着霸王龙、火山岩,肢体语言是那么丰富,平时闪烁不安的眼神,此时是那么得清澈和聚焦;在美工区,萱萱和柳依在合作玩色彩搭配,你倒一些红色,我倒一些黄色,呀,变成了橙色,萱萱学会了等待、轮流,柳依填写观察记录,两人一起用自己配出的颜色开始美术创作;在科学区,岩岩在飞速地拼图,乐乐看着他,说:"岩岩,你怎么拼得这么快呢?可不可以教教我?"

也许在常人眼里,这只是幕幕普通的儿童游戏,可谁又知道这是一种无价的全纳教育。在这里,生命影响着生命,所有的人彼此尊重,共同享受着、描绘着爱的"童话"……

奇色花福利幼儿园　张素华

▶ 生命影响着生命,共同描绘着爱的"童话"　　（摄影　孙钢军）

"海齐"号蛋糕

这是一次奇妙有趣的结缘,是一次意外和惊喜的偶遇。

自闭症又称孤独症,是一种广泛性发展障碍,主要表现为社交障碍、兴趣狭窄和刻板重复的行为方式,据世界卫生组织最新统计,全球约有6700万个自闭症患者。

而小齐就是其中一个。

"可以看却不愿和你对视,可以说却很难和你交流,可以听却总是充耳不闻,可以做却总与你的期待的行为相违……"

平时的小齐是个典型的自闭症孩子,不言不语,就像人们常说的"来自星星的孩子",独自闪烁光明。

2015年1月20日这天,管城区妇女儿童联合会的孟主席又一次带着一帮爱心人士来到了我们奇色花福利幼儿园。慈祥活泼的爷爷奶奶们带来了欢乐的舞蹈,一位叫常彬海的老师送来了好多好玩的玩具,一个蛋糕公司带来了制作蛋糕的原材料……

在现场制作蛋糕的活动中,常彬海老师和小齐结成了一对,这是奇迹诞生的开始。

"我叫大海,你叫小齐,我们就是海齐组合",常彬海叔叔笑着对小齐说。

"今天我们一起做这个蛋糕,我就是你的师兄了,你是我师弟,这是咱们的师傅(指着蛋糕师傅)。"

"师弟啊,这个奶油还得再抹一点啊。"

"师弟,你喜欢吃杏仁还是草莓啊。"

"师弟,我们给蛋糕起个名字吧,叫什么名字好呢?"

"你是小齐,我是大海,我们的蛋糕就叫海齐蛋糕吧。"

"小齐，你们这是什么蛋糕啊？"一个老师在旁边问道，像往常一样想要引起小齐的注意。

"海齐蛋糕。"一个声音答道。

大家惊喜地看着小齐，都被这大大的喜悦震撼了，一个自闭症孩子，如此自如地和大家交流着。

"这个蛋糕叫什么名字啊？"又有老师问道。

"我们的海齐蛋糕。"小齐骄傲地答着。

活动结束了，常彬海老师留给了小齐一个名片，邀请小齐到他们家做客。

之后过了一段时间，我听小齐妈妈说小齐总问她："我们什么时候去大海叔叔家？大海叔叔说给我吃猴菇饼干。"

后来有一天小齐和妈妈闹小别扭，妈妈没有哄他，小齐生气地对妈妈说："我要离家出走了，你别来找我，把电话给我，我要去找大海叔叔。"

有人说自闭症孩子是最真实的孩子，也是最长情的孩子，一旦他对你敞开了心门，就会永远将你烙印在心中。而走近他们，其实并不难，只要你愿意带着真心、带着尊重、带着爱……

奇色花福利幼儿园　王凤雪

图文故事

▼

我要做有用的人

▶ 牛牛最喜欢当小老师。他常说:"我要做有用的人!"

▶ 他会在带队时做出最标准的踏步动作

▶ 他会帮大家整理书籍

▶ 他会帮大家摆好餐具

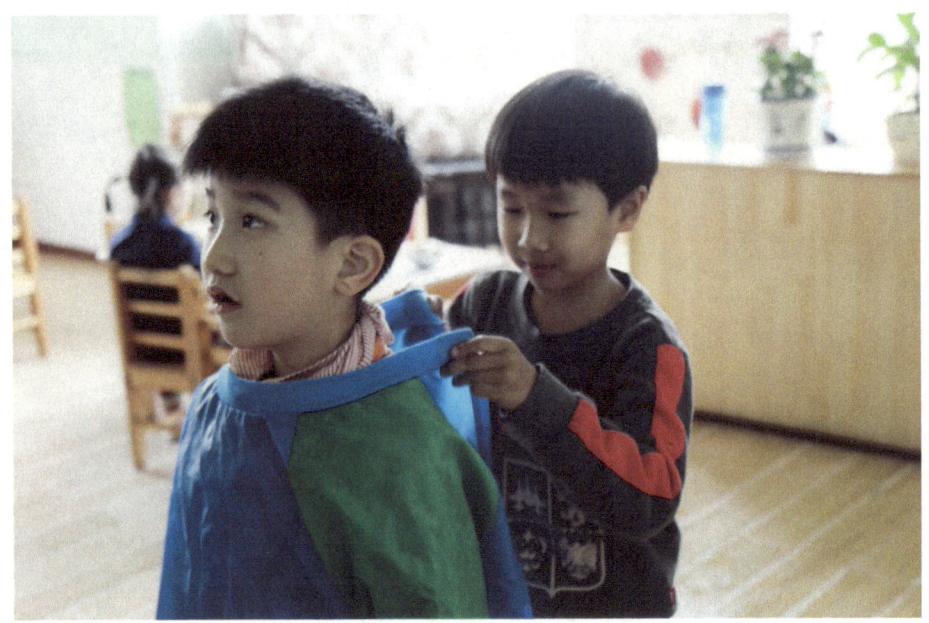
▶ 他会帮汤米扣上罩衣的粘扣

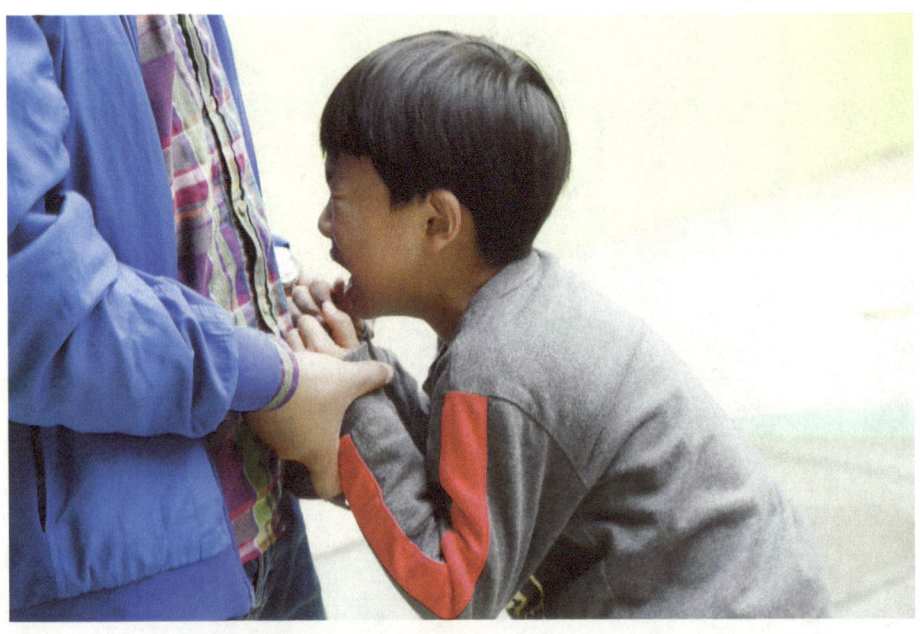
▶ 但有时候,他也会发脾气

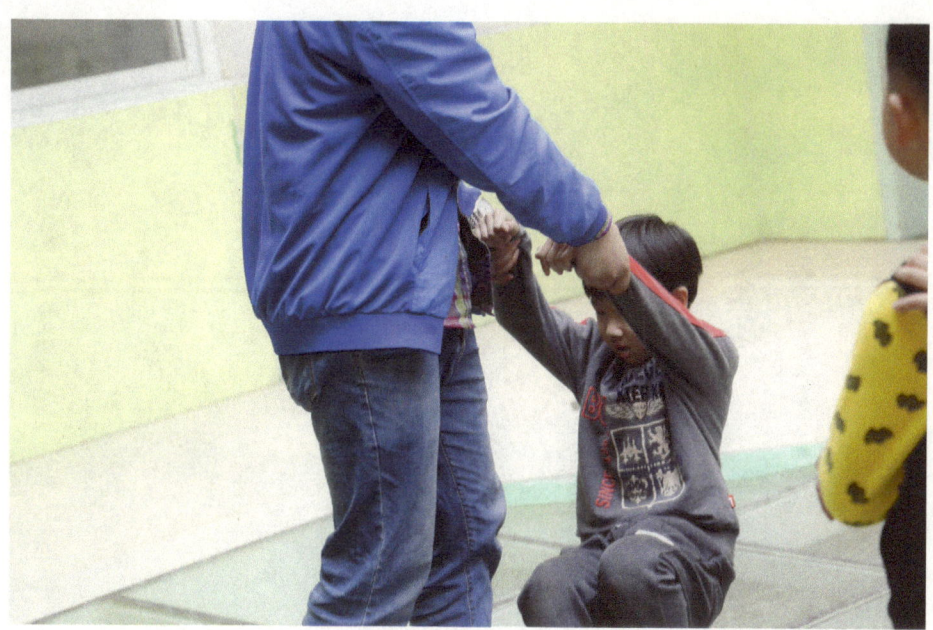

▶ 也会倒在地上耍赖

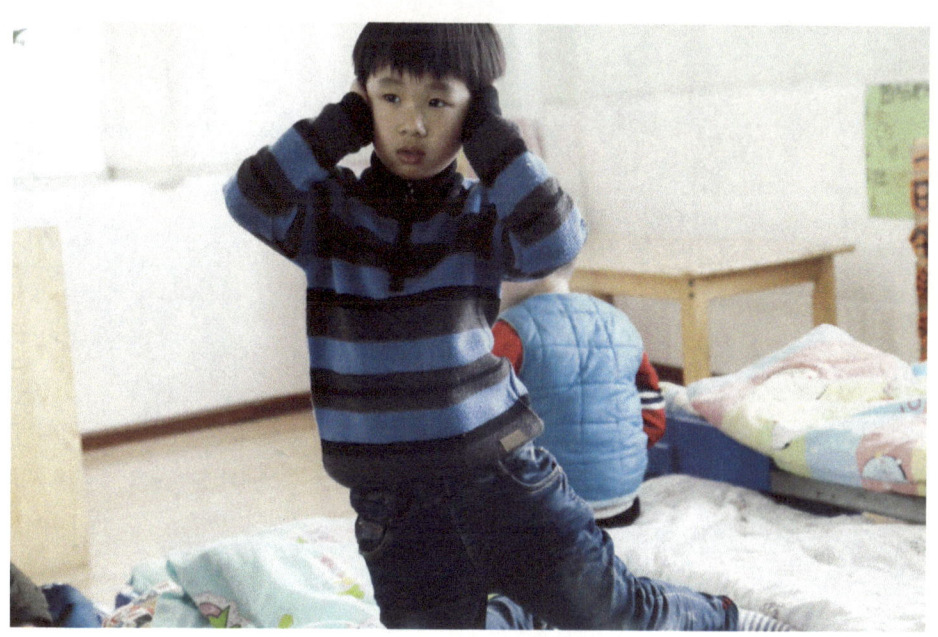

▶ 老师批评他时,他会捂着耳朵,说"不要听,不要听"

▶ 每当这些时候,他就会失去当小老师的机会。他感到很伤心:"没有机会了,怎么办?"

▶ 老师拉着牛牛的手安慰他:"牛牛明天好好表现,还会有机会当小老师的。"

▶ 牛牛用敬礼的方式和老师一言为定

▶ "明天我要努力加油,我要当副老师,我要做有用的人!"

摄影/文字　奇色花福利幼儿园　张　芳

第 3 幕

－还好那时遇见你－

▼ 从小妈妈就告诉我，这个世界上有很多人跟我们不一样，他们也许不善于表达，他们也许没有行动能力，但他们都有一双清澈的眼睛，有一颗纯洁的心灵。只要我们爱他们，他们就有信心生存下去……

不一样的童年

我妈妈致力于融合教育二十年了,我也满十八岁了。我是她的"实验品"之一,却也是最大的受益者。她坚信让普通孩子和特殊孩子在一起受教育是双赢的教育模式。在我刚能走稳、话还说不清楚的时候,就已经跟特殊孩子打交道了——当然,那时候的事情大部分是妈妈和二姨妈讲给我听的。

牛牛,比我大一岁,是个唐宝宝,他是妈妈让我好好"照顾"的第一个小伙伴儿。我很听话,一到幼儿园就乐颠颠儿地跑过去拉着牛牛的手,跟他做游戏,不会让他离开我的视线,走到哪都会跟着他。照顾人是女孩的天性,我很乐意帮牛牛吃饭、洗手、穿衣服、扣扣子……可是妈妈告诉我,不能什么事情都帮他,应该教他自己学着做。有一天,老师让牛牛自己去洗手,他却在水池边手舞足蹈地玩起了水,把洗手的事儿忘得一干二净了。我看到以后赶紧跑过去,拉着他的手让他洗手,结果他却"大发雷霆",在我不注意的时候咬了我的手。奶奶看到我手腕上红红的牙印以后特别心疼,眼泪都快要掉出来了,就坚决要把我带走,不让我在幼儿园和那些特殊孩子玩儿了。于是妈妈就劝奶奶说:"小孩子都没有隔夜仇。再说了,连自己的孩子都不放这,又怎么能去向其他普通孩子的家长解释融合教育的正确性和好处呢?"妈妈再三的劝说终于打动了奶奶,虽然还是有些不忍心,但奶奶还是同意让我和牛牛像以前一样形影不离。

牛牛喜欢弹电子琴,只要他弹,我就会站在一边陪着他,然后装模作样地"演唱"来配合他。弹到兴起的时候,牛牛就会摇头晃脑、扭着小屁股、双手有节奏地上下敲打键盘,活像一个"大音乐家",还真有一点舟舟的范儿。有时,他还会拉我到琴前煞有其事地"教"我弹他的"原创曲目"。这一来二去的,慢慢地我们就变成了"黄金搭档"了。我们经常代表幼儿园外出表演节目,有一次还登上了河南电视台《沟通无限》的舞台。

牛牛还很喜欢荡秋千,每次室外自由活动或放学后等家长的时间,我就会先"抢"好秋千,然后推着他荡,每当这样的时候,牛牛就会拍手大笑,欢笑声都溢出了幼儿园。那时的幼儿园还有很多大树,一到夏天,树下就会有很多小洞,那是知了的幼虫——"爬叉"用爪子刨出来的呼吸口,我就经常和牛牛比赛用手去抠那些小洞,看谁从里面捉到的"爬叉"多。

其实牛牛也很细心,也会照顾人。我小的时候经常因为感冒而流鼻涕。有一次在玩滑滑梯的时候,鼻涕不听话地流到了嘴边。在我不知所措的时候,牛牛飞快地跑回班兴高采烈地拿了一块抹布替我擦了鼻涕。虽然有些搞笑,但是也透露出他的善良、天真和可爱。

除了和牛牛是"铁哥们",我还有几个大哥哥和大姐姐陪我度过了不一样却很有意义的童年。

妈妈为了方便照顾大一点的特殊孩子,就特意租住在幼儿园附近,所以我每天睡前和周末基本上是和那群大哥哥和大姐姐一块度过的。嘟嘟哥患有脑瘫,我刚学会洗袜子,就经常带着他一起洗。记得有一次,我们玩耍时听到妈妈和二姨在一边讨论什么"鱼"(受之以鱼,不如"授之以渔")时,便嚷嚷:"老师,我要钓鱼!"妈妈真的就买来了一套钓鱼的玩具,恩磊哥(自闭症),小雯姐(发育迟缓),嘟嘟哥还有我就饶有兴趣地围在大盆边钓鱼,好不热闹!

恩磊哥在幼儿园待得时间最长,我上小学时还经常带他玩。我经常和他比赛扫地拖地,然后等妈妈下班,带着恩磊哥、小雯姐、嘟嘟哥一起回家,每天吃完饭后我们就会在家里的沙发上看动画片或挤在"舞台"上一起唱歌跳舞,热闹不已。后来,他生活已能自理了,就在山西老家找了一份不错的工作。前不久,妈妈还惊喜地接到了恩磊哥结婚的好消息!

奇色花福利幼儿园毕业生　孙　淳

▼ 我和牛牛登上了河南电视台《沟通无限》栏目的舞台 （摄影 孙钢军）

▶ 每天晚饭后，我们家就成了小伙伴们的乐园 （摄影 孙钢军）

"眼镜",我的好朋友!

"眼镜"是我童年的朋友。在幼儿园里一堆堆叽叽喳喳的小朋友中,他总是安安静静地坐在那,像一块石头,老师带小朋友们找他玩,他多半是不理的。我总想去"招惹"他,因为他的眼镜,叫我好生羡慕!

一有机会我就屁颠屁颠地跑到他跟前,用尽浑身解数要眼镜。

"老师说大家都是好朋友,叫我戴戴你的眼镜呗!"不理,不给!

"老师说我们要相亲相爱,叫我戴戴你的眼镜呗!"不理,不给!

"老师说好东西大家要分享,我给你好吃的,叫我戴戴你的眼镜呗!"不理,不给!

终于有一天在幼儿园的厕所里,我用武力抢来眼镜,架到了自己的鼻梁上……啊,感觉好难受!我把眼镜扔了就跑,反正他是不会告诉老师的。

一想起眼镜我就自言自语地哼叽"啥玩意儿,真难受"!妈妈抓住我细细问清事由,骂我:"臭小子,你不要欺负他,对他好点行吗?!他和你不一样!"妈妈告诉了老师,老师也不管我懂不懂,给我灌了一大堆心灵鸡汤,"……他和你一样,需要被爱和被尊重"!

管它什么一样还是不一样,那一仗过后我们成了好朋友,偶尔戴戴他的眼镜,偶尔欺负他一下,偶尔被他欺负一下,偶尔躲过老师和家长的火眼金睛,分享从家里偷来的零食……

长大了,已经工作的他说他一直记得我。

一样也好,不一样也好,对于孩子是无所谓的,他们小小的心灵盛满好奇和快乐。

感谢父母把我送到这样特别的幼儿园,让我拥有了一个别样的童年!

奇色花福利幼儿园毕业生　邱雨寒

永远朝着幸福前行

我叫何鑫，出生在一个平凡的家庭。从小我的体质就不太好，老生病，眼睛也不太好，是个多灾多难的孩子。我身上这些"不太好"的地方，让我过上了一种不平凡的生活，见识了许多开心或者不开心的事情，也遇到了很多爱我的和不爱我的人。所以，我挺感激在我身上的那些"不太好"的地方，让我的人生如此丰富。只是，这些"不太好"给我的爸爸妈妈带来了不少的烦恼，真是难为他们了。尤其是我的妈妈，她为了我受了不少委屈，因为我的身体状况，家里的亲戚们不喜欢我，也就不喜欢我的妈妈了，总觉得这都是我妈妈的错，这对她来说很不公平，但她也只能忍气吞声、以泪洗面。但不管别人怎么说，妈妈还是很疼爱我，坚持让我接受教育，而且一路上都上的是普通学校。所以我真的感谢我的妈妈，我想对她说："谢谢你，妈妈。您辛苦了，我会永远爱你的，下辈子我还想做你的儿子。"

我三岁时，妈妈开始发愁了，她知道我认知能力不错，想让我和正常的孩子一样上幼儿园，享受童年的快乐和乐趣。最早，她把我送到了爸爸单位的幼儿园，但是两周后，幼儿园的阿姨就对妈妈说其他孩子的家长提意见了，说害怕我会传染他们的孩子。妈妈听到这个消息后，心里十分难过，她为没有把我生成一个健康的孩子而自责，她不愿意看到我被人歧视。之后妈妈又联系了其他的幼儿园，但他们都不敢接收我，说害怕耽误了我。后来有人给妈妈推荐了奇色花福利幼儿园，据说那里收特殊的孩子，他们有能帮助我这样孩子的方法。于是，我见到了蔡蕾园长，她看了看就对妈妈说："明天就把孩子送来吧。"妈妈脸上终于露出了久违的笑容。

来到幼儿园以后我真的很开心，因为我认识了很多好朋友。这里的老师像妈妈一样呵护着我爱着我。当时的我语言有障碍，说话说不清楚，只有我的妈妈能听懂我在讲什么,和老师和小朋友们沟通起来很困难,可是每一位老师还是会耐心地倾听我要给她们说的每一句话每一个字。幼儿园的老师们给我制定了个人方案,一对一教我,一个简简单单的发音,一句简短的话,一个小小的动作,对于普通的孩子可能三五遍就学会了,可是对于我来说就没那么简单了。看似一个简单的发音和一个不起眼的动作,我可能就要练习十遍二十遍甚至上百遍,一个系鞋带的动作我就学了两个月才学会。我依然记得当时蔡老师拿着一面小红旗在我眼前对我说:"何鑫,慢慢地吸气呼气,吸气呼气……"她很有耐心地重复着同样一句话,就是为了锻炼我的发音和运气。我还记得有一次下大雪,雪花从天上一片一片地飘落下来,我站在幼儿园院子的正中央,抬起头注视着天空,伸出双手,自我陶醉般地背起了我刚学会的一首儿歌:"悦而撇而撇欧而撇,乐撇啥撇是五撇,灰到鹅里都不站……"(一片一片又一片,两片三片四五片,飞到河里都不见。)虽说发音很不清楚,但我还是完整地背下来了。当时班里的小朋友都围在我周围为我鼓掌。完了以后我和小朋友一起打雪仗的时候,不知是哪位小朋友抓了一把雪向我扔了过来,一下把雪球扔到了我的小眼镜上,不过我还是很开心。这难忘的一幕永远留在了我的记忆里。老师的坚持和同学的鼓励让我明白虽然我比别人慢了很多,但只要努力我还是可以做到很多事情。妈妈经常对我说,蔡老师就是咱的大恩人,啥时候都不能忘记蔡老师,不能忘记奇色花。等我长大工作了之后,妈妈到奇色花青年互助中心为那些大孩子们服务,爸爸到现在改名后的奇色花福利幼儿园后厨帮忙,我想他们在以他们的方式表达着对奇色花的感恩之情。

  幼儿园的美好时光很快就过去了,后来我来到了五里堡小学。换了新环境,没有了熟悉的朋友,我常常感到孤独和伤心。这时候我遇到生命中另一位天使——李茜老师。我也不知道她用了什么魔法,慢慢的,我身边的朋友越来越多,大家仿佛忽然间不是很在乎我的那些"不太好",而是特别在意我能够和他们一起上学,放学。

  那段时光让我明白人原来是多种多样的,就像光一样,有的是红色的,有的是黄色的,有的还是多彩的,但它们都有一个同样的称号,那就是——阳光。

  后来,我就去了扶伦外国语学校上初中,学到的东西越来越多,慢慢地我有种沉甸甸的感觉,但这都不重要。重要的是,学校的老师和同学一如既往地帮助我跟上学习。但我觉得，如果没有语数外的话，我和他们的关系会更好。那段时间，我那个幸福的妈妈似乎也变得忙了起来，隔三差五就往学校跑一趟，和老师的关系比我还好，让我不由得嫉妒一番啊。

再后来，我考上了郑州艺术工程学校的室内设计专业，并担任班级的美术课代表、计算机课代表和纪律委员，令我超级开心的是，我从此摆脱了"严家教"，住进集体宿舍。人生总有得意处，独立生活是我在16岁得到的最好的礼物，从此我觉得，原来世界也可以掌握在我的手中，谁没有一些"不太好"的地方呢，但谁都可以拥有一个最美好的明天。

如今，成为男子汉的我，开始了真正的职业生涯，我终于可以不需要家里的支援，靠自己的双手来生活。我通过应聘找到了工作，在超市大卖场当过促销、在小区物业做过管理，虽然中间也遇到很多不公、歧视和挫折，但小时候的经历让我永远都保持乐观。因为我知道，在我生命的每个阶段，总会有一些温暖的手，在背后鼓励我、推动我不断前行。我也相信重压之下，必定会生出绚烂的钻石，经历过挫折和艰辛的人，必能够享受更多的快乐和幸福。我会永远朝着幸福的方向前行，让自己成为那颗最闪耀的钻石。

奇色花福利幼儿园毕业生　何　鑫

如果能永远留在那段时光里

自打 2006 年我从幼儿园毕业，到今年已经整整十年了。在我的记忆里，幼儿园的日子是我经历过的最快乐的时光。虽然时光不可能倒流，可我好想重新回到那个时候。

妈妈是小学老师，放暑假时，她都会到幼儿园里去做义工代课，每到这个时刻，我就想跟着过去，再尝尝幼儿园里的饭菜，看看我当年坐过的小凳子、趴过的小桌子，在人群中找找我童年记忆里的熟悉的面孔：我的大米老师、新华老师，教我跳舞的大李丽老师和小李丽老师，还有梳子老师、雪人哥哥……

在奇色花的时光带给了我太多快乐的体验。

我记得大学里的大哥哥、大姐姐们带我们去风筝广场放风筝，风筝高飞的时候，我很开心，风筝脱线飞走了，我哭得好伤心，是一位大哥哥一直抱着我，安慰我……

我记得助残日那天，幼儿园在紫荆山公园举办义卖，妈妈和我也去参加了活动，我们买了很多用彩泥制作的手串，到现在还珍藏在我的百宝盒里。

我记得有一次我不小心摔倒磕破了膝盖，但依然带着伤和小朋友们一起参加了幼儿体操比赛，我们光着小脚丫，脸上涂得亮晶晶的，一直到现在，我都觉得自己化过妆后特别漂亮。

我记得六一儿童节，我们在紫荆山路上的三角公园举行庆六一活动，老师推荐我跟特殊小朋友一起跳竹竿舞，我是他们的小排头。那天很多人来观看我们的表演，大家都在为我们鼓掌加油！

我记得幼儿园里的外国阿姨带我们去参观郑州大学的校园，在我幼小的记忆里，那个校园好大好大，我很向往。一眨眼，十年过去了，我已经远远地看到了大学的大门,我希望,我的大学比我记忆中的大学还要大,还要美。

妈妈将这些美好的瞬间都帮我拍照记录了下来,凝结成了珍贵的回忆册。没事的时候,我会经常拿出来翻看,心里暗想:不长大该多好啊!

很想念儿时的那些特别的小伙伴们,长大对他们来说也许是面临更大的挑战。珂珂,我小时候的融合伙伴,在我上小学二年级的时候,她也入学了。报到的那一天,我和她一起在学校的操场上奔跑,好开心啊!可惜的是,珂珂只上到三年级,就离开了,看到同学们对她嬉笑躲闪的样子,听到别人对她厌弃的评价,我心里真的好难过!不知道她后来去了哪里,也不知道其他的小伙伴们现在都在哪里,过着怎样的生活。"如果不长大该多好啊,如果能一直停留在奇色花那段快乐的时光里该多好啊!"他们是否也会在内心发出和我一样的感慨呢?

从小妈妈就告诉我,这个世界上有很多人跟我们不一样,他们也许不善于表达,他们也许没有行动能力,但他们都有一双清澈的眼睛,有一颗纯洁的心灵。只要我们爱他们,他们就有信心生存下去。在奇色花里,老师们让我看到了最有爱的世界。也许那时我只是傻傻地开心,现在我才知道,我已经不知不觉地融入到了一个真正完整的世界。

幼年,妈妈在我心中种下了一粒善的种子,这粒种子在奇色花里得到了精心的灌溉。现在的我坚信世界的美好,不惧别人的眼光,关爱身边的弱者,包容生活里的冲突。爱给我力量,爱让我成长,愿我有一天也能成为像妈妈和奇色园丁那样的人,将爱和善继续地传递下去。

奇色花福利幼儿园毕业生　王祥源

亲爱的"猫咪"们,你们好吗?

很多很多年过去了,但是有些回忆还是深深地印在我的脑海里,挥之不去……

小时候,爸爸妈妈觉得孩子还是应该有快乐的童年,而不是充满课业负担,于是就把我送进了"七色花福利幼儿园",在那里,我度过了一个充满爱的童年。

前些日子我又回到了儿时的幼儿园,现在已经更名成了"奇色花福利幼儿园",地址也不知道换了多少次,但我曾经的园长蔡老师和以前教我们的老师都还在。那一瞬间,真的是百感交集。她们带我参观,和小朋友们互动。在墙上贴的照片中间,我竟然惊喜地发现了自己,照片上,我和璇璇中间是"猫咪",虽然我已经不记得她的名字了,只记得当时我们都是这样称呼她的。猫咪只是我们幼儿园众多特殊需要孩子中的一个,她是先天性的智力障碍,然而在孩子的世界里,没有残缺与完美,只有"你喜欢我我喜欢你,我们就做朋友"的单纯,我们曾经形影不离,我们没有大人的偏见,我们让她们感受到了家的温暖。猫咪对我们的笑脸,对我们的依赖,那种眼睛里闪烁的小星星我永远都不会忘记。还记得,她曾经经常来我家吃饭,和我一起玩,过生日也是大家一起过,快乐地一起吃蛋糕、唱生日歌,我们的老师,从没有让她们感受到半点冷漠,我们都是上帝牵着手来到这世界上的孩子,应该得到平等的爱!

现在我长大了,在华南理工大学上学。我会发现,跟我的同学相比,我们看问题的角度会有很大不同,在对理想的追求和对未来的规划方面也有诸多差别。所以,我想人在早期所受到的教育,的确是会影响人一辈子的。当下很多家长都想让孩子赢在起跑线上,但我觉得品格对小孩子来说更重要，在该玩的年纪痛痛快快玩耍，在该学习爱、包容和感恩的阶段不要让他们在充满比较和竞争的功利环境中打转，这才是明智的选择吧。虽然我的爸爸妈妈不像现在的父母一样还有机会上各种亲子教育辅导课程，但他们却本能地做出了最最明智的选择，我是何其幸运啊。

多亏了这次回幼儿园的机会，让我联系到了儿时的玩伴璇璇和涵涵，不然大家可能以后真的再没有交集，那些曾经也只能留在心底成为永远的回忆了。谢谢我的老师们，你们让我学会了爱和被爱，更要谢谢我曾经的小伙伴们，虽然不知道你们现在身处何方，但愿你们都能实现自己的梦想，成为对社会有用的人！我也是，会努力做一个更好的自己！

奇色花幼儿园毕业生　王　博

▶ "猫咪"生日那天的灿烂笑容，永远定格在了我的记忆里　（摄影　孙钢军）

忆那光阴

一缕春风拂面，窗外夕阳西下，不觉间又回忆起了那些纯真的脸庞，是啊！快十年没见面了，不知道长大后的你们是什么样呢，真有些好奇，不过真的好想你们，想念那些无忧无虑的光阴，想念那一段段经历，还有那几个"不一样"的小伙伴。

奇色花，一朵花，七瓣花瓣儿，不同的颜色；一所幼儿园，不同的孩子，展示出各自的风采。人们都说"当上帝给你关闭一扇门，就会给你打开一扇窗"。没错，在奇色花，我遇到了一些与我不太相同的伙伴。他们虽然是我的哥哥姐姐，但是却不能很好地照顾自己，他们的那扇门被上帝给关上了，需要我们这一双双小手来为他们敲开那一扇窗，让阳光洒向他们的心房。

记得其中有一个小伙伴，她叫珂珂。我还记得她比我们高，胖胖的，不过她在吃东西时总是嚼不了几下，就咽下去了，这对她的身体来说可不好。所以，老师就让我们这群小朋友，给她数着，到了一定的次数再将食物咽下去，"1、2、3、4、5……"就这样一次又一次，后来她果然成功了，能细嚼慢咽地吃东西了，大家都很开心。

还有一个小朋友叫蓉蓉，说话不太清晰，每次说完一句话，都很焦虑地等待大家理解。我和蓉蓉在一个小组，时间长了慢慢能够了解他的发音习惯，经常做她的小翻译，小组的小朋友一开始听不懂，不太主动与蓉蓉互动，后来都愿意静下心倾听她理解她，大家每次游戏都会带上她，她快乐我们也快乐！

在幼儿园，无论我们做什么，都不会落下任何一个伙伴，大家一起做游戏，一起生活，一起学习。这些特殊的伙伴，在我们看来其实没有什么特殊的地方，大家都一样，都是孩子。他们只是需要我们多给他们一些爱。十多年过去了，幼儿园的样子在我的记忆里渐渐模糊，但我和小伙伴们相处的情景却依然清晰，与他们的每一次快乐、伤心、成功、挫折历历在目，我很感恩这段经历让我懂得要做个宽容和有爱心的人。

如今再回过头来看那段时光，也觉得别样温暖，感谢奇色花带给我们这样一段与众不同的体验，耳旁隐约传来那首歌——"感恩的心，感谢有你，伴我一生，让我有勇气做我自己，花开花落，我一样会珍惜。"

奇色花福利幼儿园毕业生　高梦洁

童年就像是一台时光机

在童话之中,一切都是十分美好的,童话中的奇色花充满了甜蜜与美好。

早上,我起床穿好衣服,准备出门,推开门一看,看到的是我曾经拥有的甜蜜回忆与欢声笑语的幼儿园——奇色花!我很吃惊,再仔细一看自己,变回了小时候,一切都是老样子,而自己那时的记忆也回来了。"早上好,慧慧!"梁老师微笑着朝我走来,拉着我的小手进了班,我看到了国栋和勇博,便高兴地走过去和他们一起玩。

时装秀

今天,班里要举行时装秀。我扮演的是一只螳螂,勇博扮演的是一只小蜜蜂,国栋则是七星瓢虫。还没有轮到我们上台,我们便在台下玩耍打闹,但一不小心我们"虫衣"扯烂了,国栋便找出一个透明胶带,我们一起将"虫衣"粘好,梁老师走过来看见我们穿着粘得歪歪扭扭的"虫衣",笑得前仰后合,小朋友们也跟着哈哈大笑。

天台上的暖情

下课了,小朋友们都到天台上玩。我和兆瑞在玩捉迷藏游戏,我的头一不小心撞到了木头上,本来不是太疼,可我却害怕地哭了起来。老师听到了哭声,赶紧走到我的身边问我怎么了,可我捂着头一直哭。老师拿开我的手,摸着我的头问我伤到哪里了,这时兆瑞和小朋友们都围过来,问我伤到哪了,我心里暖暖的,破涕为笑:"我不小心磕了一下,现在不疼了。"

妈妈不让吃鸡腿

吃午饭了,今天的菜有鸡腿,平时我最喜欢吃肉了,可一看到鸡皮,就感觉浑身都是鸡皮疙瘩,我便打消了吃了它的念头。这时程老师走过来问我为啥不吃鸡腿,我支支吾吾地说:"妈妈不让我吃鸡腿,我在减肥。""啊?

哦，那你先吃别的吧。"程老师说完走开了。我偷偷地笑着对兆瑞说："其实我是看见那鸡皮才不想吃的呢！"放学时，程老师问妈妈："孩子正长身体，为什么不让慧慧吃鸡腿？"妈妈十分惊讶地说："我没有说不让他吃鸡腿啊！"我一看大事不妙，就躲了起来，她们会心一笑，知道了我在撒谎。程老师把我拉过来，摸着我的头亲切地说："慧慧，以后不喜欢吃什么要直接告诉我，但不能撒谎！"我不好意思地低下了头。

我要做小帮手

敏敏是一个需要帮助的小朋友，老师每天都会请小朋友帮助她，我每次都会举手争取做敏敏的小帮手，和她一起打扫卫生，帮她打开彩笔盒盖，教她用橡皮泥做棒棒糖，有时还在老师不注意的时候替她完成作业。还记得为了帮助敏敏练习点数，我绞尽脑汁想到了10个能够帮助到敏敏的办法，老师都惊讶了！在和敏敏一起生活的这段时间，有时候会想什么时候她可以不需要帮助，有时候会想不帮助她我还可以这么快乐吗？

我从教室的门走出，没有到走廊上，而是回到了自己的卧室里，我变回了原样，还是出发时的那天早上，那一切，如童话一般出现，又如梦一般醒来。

奇色花福利幼儿园毕业生　毕建业

也来写写幼儿园

我的幼儿园名字叫奇色花，是根据童话故事《七色花》起的名字。在我们这个幼儿园里，与我们一起生活和学习的同学里面，有一些特别的同学，当时我没感觉这些同学有什么不同，后来，我上了小学后，才从书上和大人们的说话中得知，这些特别的同学都得了自闭症，这种病不是吃药打针就能看好的，是需要我们用爱心和帮助才能让他们康复。

我记得，班上有一个叫小宇的同学就是一个自闭症孩子，看起来没有什么不同，只是在表达方式上有些特别。记得有一次，老师带领我们手拉手围成圆圈做游戏，我要和他一起手拉手，但是，我每次拉他的手他都不让，最后他生气了，把我的脸给抓了一道儿，老师发现了，赶快把我们分开，先给我处理伤口并且安慰我，然后认真地给小宇同学讲道理，让他认识到这样的行为是不对的，并且希望小宇同学给我说声对不起，但是，老师和他商量了半天，小宇同学就是不过来，像是很害怕的样子。老师过来安慰我说，说小宇已经认识到了错误，希望让我原谅他，我很大度地就原谅了他。

过了两天，我们上课间活动，我在玩皮球，玩了一会儿，小宇就过来要我的皮球，我不给，他就去抢，最后，他又把我的脸抓了，老师发现后，还是和上次一样，先把我们分开，然后给我处理伤口并安慰我。小宇躲得很远，一个下午也不来找我玩。等到下午放学的时候，小宇突然跑过来，塞给我一个水果，冲我嘿嘿一笑就跑了，老师在旁边看到了，就给我解释说，这是小宇在向我表示友好。从这以后，我们就成为了好朋友，他再也没有抓过我了。

现在我已经上小学四年级了，每学期老师评语都会有"吴锦熙是一个有爱心、乐于助人的同学"。

奇色花福利幼儿园毕业生　吴锦熙

我小学的家

我叫袁帅，今年已经14岁了，因为出生时缺氧导致先天性脑瘫——口齿不清，手脚也很不灵活，走路歪歪斜斜，手握不好笔，写字不成形儿。正因为这样，我在课堂上养成了不注意听课的坏毛病，稍有些不顺心，不是乱撕本子，就是把铅笔盒弄得哗哗响，甚至经常将铅笔屑满桌乱倒，打翻牛奶等更是常事，桌椅周围总是乱七八糟的，小组讨论谁也不愿要我……可对这样的我，作为班主任的田老师却对我付出了全部的爱。

每当下课后，田老师总是跟我一起聊天，逗我玩耍。记得有一次，他问我："袁帅，喜欢我吗？"我口齿不清地说："喜欢！""为什么？""你会跟我玩耍。"我手舞足蹈地说。"那你以后上课能不故意发出声音吗？"我不好意思地点点头。自那以后，在田老师的帮助下我渐渐改掉了这个坏习惯，明白了有事要举手。

由于我的身体原因，走路脚疼，每次都让妈妈背我进教室。这点小心思被田老师看在眼里，她找到合适的机会让我自己上楼，并当着全班同学表扬并奖励我，并告诉我"一个真正的男子汉要自己能独立完成一件事"。后来，我主动让妈妈扶着我慢慢走进教室。

田老师总是在适当的时候给予我肯定，班级中的同学们也看到我的优点，慢慢地下课后有同学愿意和我聊天了。正当我为此而暗暗喜悦时，有一天却发生这样一件事：那天中午读课外书时我几次要求班上的图书管理员给我换书，可大家就笑我根本看不懂，在这把书当玩具玩，纪律委员还把我的名字记上黑板，说我故意捣乱，我当然不乐意，在班上和同学大吵大闹起来。正在这时田老师走进来了，"这是怎么了？"同学们七嘴八舌地说开了："老师，中午我们在看书，袁帅总是在讲话。""老师，袁帅老是推我的桌子，让我没办法看书。""老师，袁帅一会儿要看这本书一会儿要看那本书，图书管理员都被他烦死了。""老师，纪律委员把他的名字记上去了，他就在这儿大声地哭，吵死人了。""老师，袁帅平时就特别喜欢与人吵架。"……顿时，我心里明白了原来大家还是看不起我，嫌弃我，我趴在桌上呜呜大哭，无论老师怎么问，我都不理她。看着情绪激动的我，她只是在一旁默默地抚摸着我的头。

　　随后的日子里，田老师利用晨会不仅和我们讲友爱团结、关心他人的故事，还多次表扬最先和我一起玩耍的班长，并鼓励他与我更多交往，带动其他同学一起与我交往。在这样的氛围里，我感到前所未有地被尊重、被重视。

　　其次，田老师还以我的故事为大家上了一节班会课，请来我的妈妈讲述我们之间的故事，全班同学在聆听了我的故事后，都深深地为妈妈伟大的母爱所感动，为我的坚强、勇敢而深深折服。自此在田老师的倡导下，同学们都帮助我，赋予了我特殊的关爱：每当我的手脚弄脏时，大家就会主动打来清水帮我洗干净；每当我在学习上遇到困难时，大家就会伸出热情之手；每当我上厕所时，大家都争先恐后地搀扶我，更为我成立了一支爱心"轿子小队"。不管到哪大家都总是带着我，不离不弃，照顾我吃饭喝水，帮我解决生活上的一切困难。

　　这些看似平凡的举动潜移默化地影响着班里的其他同学，就这样日复一日，年复一年，风雨无阻，从未间断……让我记忆犹新的是在上《七色花》这一课时，当老师问道："假如你有一朵七色花，你最想实现你一个什么愿望？"班上小昊同学举手回答："我希望它能够让袁帅身体健康起来。即使现在他好不了，我也一定会帮助他直到毕业。"就是这句简单朴实的话语让我的心为之一颤，眼泪就涌出来了，教室里寂静无声，可每个人都显然被一股强大的暖流包裹着……大家的共同努力，使我渐渐地真正融入到了我们这个大家庭，慢慢体会到了这个家的温暖。

　　时光荏苒，岁月如歌。转眼间我已经是一名初中生，可与这个大家庭相处的点点滴滴却深深地刻在心间，记忆犹新……

四川省成都市双流区彭镇小学毕业生　袁　帅
指导教师　田玲丽

图文故事
▼
终于找到好朋友

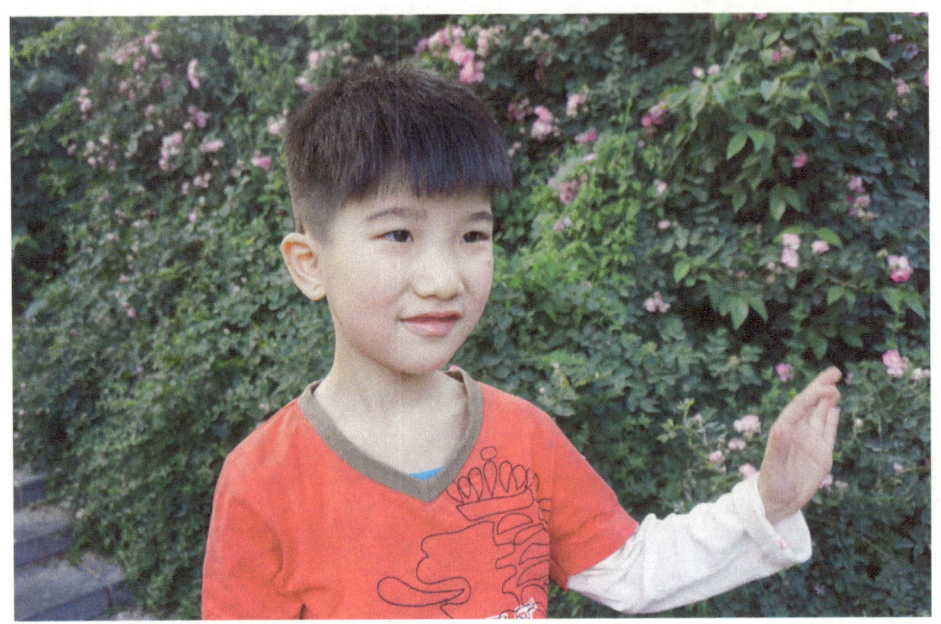

▶ 汤米是个爱笑的小男生

▶ 他好想有人陪他玩。无论是抱在怀里的小BABY,还是带着红领巾的小学生,他都想上前去打个招呼

▶ 但不是每一个小朋友都愿意和他玩。他们大多会躲着他,或者干脆跑掉。每当这个时候,汤米都好难过,他多希望能找到一个好朋友

▶ 有一天,汤米上了幼儿园

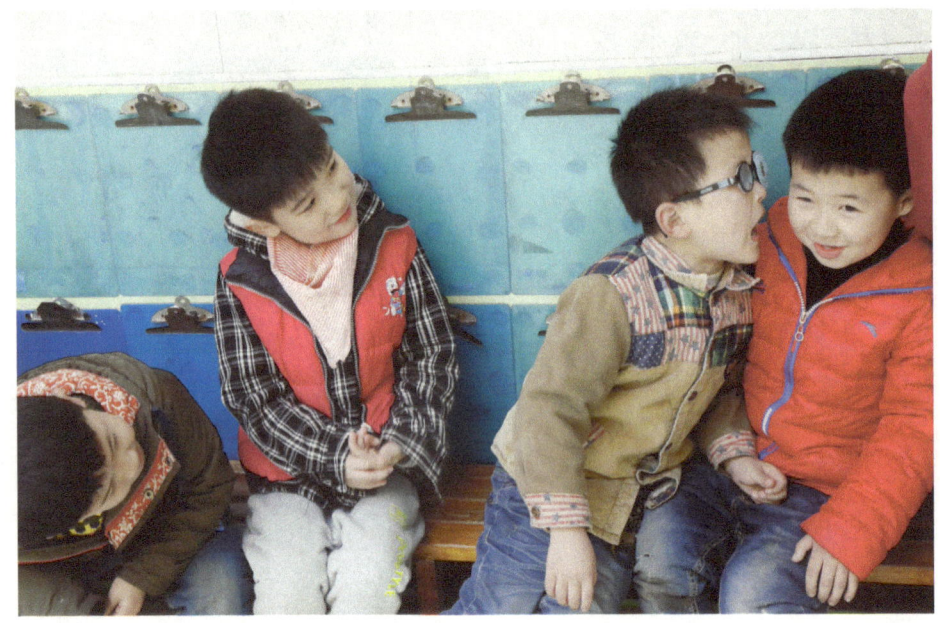

▶ 一开始,小朋友们对他很好奇:"他为什么不会说话?""他为什么总流口水?"但渐渐地,大家都喜欢上了小汤米,因为他总是笑眯眯

▶ 汤米身边围绕着很多爱心小天使

▶ 子厚会协助他换好室内鞋

▶ 还会提醒他喝水

▶ 荣光会一早就搬好凳子等着他

▶ 还会和子厚一起带他坐好

▶ 要选活动区域了,子厚和荣光会兴奋地跑来拉着他:"汤米,今天我们去娃娃家!"

▶ 于是,就开始了一段快乐的时光……

摄影/文字　奇色花福利幼儿园　张　芳

第 4 幕

－牵着我的手－

▼ 你们说：人如花，花儿有美有香，不是每种都能二者兼顾，但只要是花就有它的美丽。生命不是为了追求完美，生命是为了犯错，吸取教训，并向前迈进……

生命

——写给每一个慢飞天使

上帝给了每个人生命
生命却各有不同
就如世间万物
天有天的高远
地有地的广袤
日有日的光辉
月有月的皎洁
哪怕只是一朵小花
也能散发自己的芬芳
哪怕只是一株小草
也能吐露自己的青翠
哪怕
哪怕只是一粒最最微不足道的尘土
也能舞出自己的精彩
相信吧
上帝的一切安排都是最好的
我们的心知道
你其实很简单
你其实很快乐
你是一位王子
固守着自己的城堡
不允许别人侵入

你是一位公主
太过心爱自己的衣裙
不让别人触碰
你在自己的世界里
诠释着简单而快乐的生命
我帅气的王子
你知道吗
城堡外的世界好精彩
我们都已张开双臂
想要拥抱你
我可爱的公主
你知道吗
我们用爱做的衣裙
更美丽更温柔
亲爱的宝贝
不要怕
你是一个慢飞的天使
只是羽毛被雨水打湿
一束阳光
一束阳光
一束
又一束
当清晨再次来临
当太阳再次升起
你的羽毛就会被阳光晒干
我们将一起
飞翔

郑州市管城回族区教育体育局副局长　刘喜红

成全也是一种爱

人人都说，父母对孩子的爱最纯粹、最无私。在我有了女儿最初的几年，我也一直在想如何把最好的爱给她，如何让她成为一个最幸福的人。这个问题一直无解，而且困惑。尤其在孩子上了小学后，要不要学钢琴、报不报奥数班、上不上英语课等更是让人纠结。大人在孩子的成长中选择，孩子在大人的选择中煎熬。

在社会和家庭财富积累了若干年之后，我们才发现，最大的需求已经不是衣食住行的贫乏，而是精神和个性的享受。"70后"的我们，拿着记忆中的故事教育着"00后"的孩子，效果就像"40后"的父辈在讲60年代的挣扎。不得不感慨：不是我不理解，是这世界变化快！

直到有一段日子，经常到奇色花福利幼儿园看望这里的小朋友们，才发现，这个浮躁的世界还有一个这么纯净的地方；才发现，还有一个让人慢慢长大的地方；才发现，还有一些老师在等着那些老是原地踏步的孩子，不急不躁。

我陪着一些特殊孩子游戏、画画，耐着性子三十分钟，也无法让他们理解我的意思，也不能手把手地和他们完成最简单的一张图画。这个揪心揪肺的着急呀！但是奇色花的老师们却很满意，说今天孩子们表现得很棒，进步了好多。经过近十年对这些孩子的关注，果真是发现他们变化很大，进步很多。再回想我养育女儿的过程中，却常常会嫌她进步太小、学得太慢、恨铁不成钢而口出恶言、老拳相向。这种教育态度上的差别让人不禁反思：我们做父母的，是不是都尊重了孩子的个性，有没有违背客观规律，正在揠苗助长呢？如果孩子只是一颗豆子，非要他长成一棵参天大树吗？

无论我们的孩子是什么样子的，既然是来到人间的天使，那么就让他们感受到那份最真挚的父母之爱，尊重他们的优点，包容他们的缺陷，不强迫、不扭曲。让孩子们在我们的视线里，经历挫折、磨难、委屈，拥有完整的人生经历，幸福地做自己感到幸福的事情。让我们也静下心来，在渐渐老去的时光中陪着他们慢慢长大。

成全孩子用自己的方式生活，何尝不是一种爱。

郑州市管城回族区妇女联合会主席　孟　沛

为了那不再流泪的眼睛

记得有一年三八妇女节，天气还很冷，风呼呼地吹着，我跟两位志愿者朋友一起到奇色花青年互助中心做志愿服务。我那天的任务是陪同发育迟缓的男孩小白回家给妈妈献花，感恩妈妈对他的辛劳养育。

小白17岁了，1米75的大个子，可心智年龄只有几岁。坐公交车时他很兴奋，不停地用手拍打自己的头，发出嘿嘿的笑声，我牵着他的手，避免他打到别人，还好旁边的人都很包容，只能偶尔好奇地看看他，并没有提什么意见，但我已经体会到了当妈妈的不易。

到了小白家，妈妈已经早早地等在那里了。小白在我的提醒下将花塞到母亲手里，然后就坐在了自己的床上，没有言语的交流，但看的出来他很高兴，妈妈接过花的刹那眼泪在眼睛里打着转。

同妈妈聊天的过程中我了解到，小白出生后检查出发育迟缓，家人一直没有放弃治疗，但效果都不是太理想，为了全身心投入到孩子身上，他们决定不再生育，尝试教会孩子生存的本领，也好在未来的日子里能够坦然放心，多年来的康复治疗费用已经使他们家一贫如洗。在描述这些的时候，妈妈眼睛里始终泛着泪光。

曾经，我还接触过一个有自闭症孩子的家庭，那个父亲说："我们这类家长不敢让自己生病，不能让自己出丝毫的差错，连死的权利都没有，外人理解不了我们心中的痛，等我老了，不在了，孩子该怎么办呢？谁来管他？"

每一个有特殊孩子的家庭，父母的艰辛可想而知，他们所面对的不光是孩子的生存能力，还有异样的眼光，最大的挑战是要不断说服自己去接受，去从容面对。

记得曾经看到过一篇报道，在土耳其的伊斯坦布尔大街，有一家"唐氏咖啡馆"，那里的服务员都是唐氏综合症患者。萨鲁汉·辛根是这家咖啡店的老板，他的女儿赛茜在3岁那年被确诊为患有唐氏，这意味着智能落后、特殊面容将伴随女儿一生。长到19岁的赛茜面试求职屡屡受挫，辛根决定开一家咖啡馆让女儿和招聘来的唐氏综合症患者当服务员，为了保证服务质量，所有人员经过强化训练，擦洗餐具的一个动作都要重复上百次，来过咖啡馆的人对服务很满意，越来越多的人体验"唐氏咖啡馆"的服务，敬佩这位父亲的举动，同时也给了误入人间的"天使"们独立的人格和生活。

后来在奇色花福利幼儿园的感恩答谢会上，我又看到了青年互助中心的那几个大孩子，他们在前台负责签到，并在答谢会上表演了节目，每个人脸上都洋溢着兴奋、满足，当听说他们中已经有三位找到了和正常人一样同工同酬的工作时，我真为他们感到高兴。他们的父母一定也会感到非常的欣慰吧。

每个孩子都是上天给的礼物，为了让那些父母不再流泪，为了让他们离去时不再担心，我们能做的其实还有很多很多……

郑州市管城回族区红十字会　陈　昕

最珍贵的拥抱

今天注定是个难忘的日子,那个幸福的时刻一定会永远定格在我的记忆里,那是我有生以来得到的最温暖、最感人的拥抱——来自一个可爱的"慢飞天使"的拥抱。

早上起来,腿依然疼得厉害,但答应过孩子和老师的事情一定要做,更何况那是一所特殊的幼儿园,那里快乐地生活着一群特殊的孩子。

走进教室里的时候,孩子们正陶醉在音乐里,如果不介绍,其实看不出来特殊孩子的"特殊",个个都很开心很可爱。

准备好以后,我开始给孩子们讲故事,先讲了《植树的男人》,那是一个感动过无数人的故事,但我还是多少有些担心,因为,听故事的毕竟是只有四五岁的孩子,其中还有一部分是有特殊需要的孩子。但随着故事的发展,我的担心就彻底没有了,孩子们完全能听得懂,而且很喜欢。为了能更好地感染孩子,我和同事一起认真选择了背景音乐——久石让的《天空之城》,这样好的音乐和好的故事才配得上我们的小天使们。讲完第一个故事,我放了几张普罗旺斯的真实照片,美丽的景色,引得孩子们一片"哇!哇!"的赞叹。

第二个故事是《花婆婆》,我选择了一个台湾版本的音乐背景和解说,讲之前,我把带来的几十本绘本发给孩子们,他们特别开心,这么美丽的书才配得上他们美丽的童年。这时候,有个小细节打动了我,我拿的那本书里面的书签掉了,一个孩子跑了老远捡起来送给我,看着我的时候眼睛里散发出天堂般的温暖。音乐中也有一个小细节,那就是每到翻页的时候,就会响起竖琴弹奏的一串音符,孩子们慢慢找到了节奏,他们尽情地享受着"翻书"的快乐,这种阅读的快乐也许会永远植入他们心里吧!

两个故事讲完了,我送给这所学校的老师们一段话:"新年到来之际,送给大家一项荣誉,所有奇色花的老师,所有天下的老师,你们都是像'上帝'一样伟大的种树的人,你们都是像'花婆婆'一样执着地给这个世界带来美丽的人,正因为有你们存在,我们的教育才不会荒芜,孩子们的心灵才不会荒芜。当然,我们必须承认,我们种的树还不够多,我们种的花还不够多,我们的教育还是一片充满期待的土地,我们的孩子还渴望受到更好的教育。但我相信,只要我们共同努力,坚定信仰,努力前行,一定会迎来教育的'普罗旺斯',一定会在孩子们的心里种下春天!相信岁月,相信种子,相信我们自己,教育万岁,教师万岁,优秀的校长和园长万岁!"没想到,读的时候把自己也感动了,眼泪差点掉下来,后来,园长告诉我,在后面听故事的几个老师全哭了。也许,今天,他们才懂得"园丁"是个多么美丽的称号啊!

结束了,孩子又三三两两地上来和我打招呼,一个小男孩上来紧紧地抱住了我,小脸蛋贴在我脸上,很开心的样子,松开后,停了一下,又抱,还在我脸上亲了一下。当时,其实我没有太深的感觉,只是觉得他是一个普普通通的孩子,他的拥抱是一个普普通通的拥抱。可过了一会儿,园长告诉我,跟我拥抱的那个孩子是个"慢飞天使",他触觉特别敏感,对"拥抱"也特别敏感,甚至很怕或者说不喜欢拥抱,听到这里,我的心都融化了,孩子已经走了,可是那一刻我仿佛觉得那个可爱的小天使还在拥抱着我,那种温暖和爱还在包围着我,这是多么幸福的一件事啊,这是一次多么珍贵的拥抱啊,我相信了,相信每个人都有可能成为别人生命中的天使,特别是当你是一名老师的时候!

我会永远记住这一天,2014年1月16日;我会永远记得那个拥抱,一个"天使"的拥抱;我会永远牢记并实践自己的诺言,选择教育,一生一世!

北京师范大学进修学者　穆培华

这是一扇有光亮的门

> 每位儿童都有平等的机会成就他们的生活,他们的发展不至因不平等的障碍受到抑制。享有平等体验是每个儿童的权利。
>
> ——题记

今年是我学习学前教育的第三年,是我接触融合教育的第一年。2009年,初入大学,我选的专业是旅游管理,因为那时的理想是希望自己可以看到更多的风景,可以走更多没有走过的路。2015年,我已经是学前教育专业研三的学生了。因为我对最初的理想有了新的认识,自己去再远的地方看再美的风景都只是独善其身,而我所希望的不仅仅是独善其身,我希望我的专业、我的人生是有温度、有光亮的。所以,我选择了学前教育,在不断的学习中,我又接触到了融合教育。在接触融合教育的一年时间里,我渐渐发现,这是一扇有光亮的门。

刚刚考入学前教育专业的第一年,我是不知所措的。很多本硕的同学有非常深厚的专业基础,他们就像待飞的鸟儿,所需要的只是导师的一点指引。而我所缺少的是一双有力的翅膀。所以,在第一年,我收敛起对于学前教育满腔的热情,只是默默地读专业书,从学前教育史到幼儿园课程,从皮亚杰的认知发展理论到瑞吉欧的教育理念,我这个学前教育的门外汉也渐渐入了门。学前教育这个领域就像一个五六岁的孩子,充满希冀。在入学的第二年,我无意中看到一篇介绍融合教育的文章,"全纳教育是这样一种持续的教育过程,即接纳所有学生,反对歧视和排斥,促进积极参与注重集体合作,满足不同需求。"融合教育中所渗透的人文主义和教育公平的精神深深地吸引了我,这不正是值得追求和奋斗的事业吗?教育,特别是学前教育，不是社会不公和社会歧视的再现，而是保障每一个孩子被尊重和获取教育选择权的起点，是给人带来希望和温暖的事业。我开始贪婪地阅读关于融合教育的书籍和论文，我慢慢发现，我国的融合教育与其说是一个准确的教育学术语，倒不如说它是人们的一种美好的教育理想和价值追求。这样的发现，并没有让我退缩，反而给了我一种前所未有的使命感和责任感。

融合教育不单纯地指某一种安置环境、某种教学策略、某种课程。融合是教育和训练的归属。我国融合教育的实践推广仍然任重道远，我想，这其中包含着法律政策、资源支持、师资培训、理念态度等不同层面的问题，特别是师资匮乏的问题，阻碍了很多普通幼儿园走向融合教育的道路。在对我国不同省市的融合教育现状的调查中，我发现现实的矛盾是，一方面，安置在普通幼儿园的有特殊需要的儿童越来越多；但另一方面，超过一半的幼儿园因为师资不足等理由拒绝接收有特殊需要的儿童。幼儿教师是连接幼儿与学习环境的桥梁，因为简单地将有特殊需求的儿童与普通儿童安置在同一间教室，这并不是真正的融合。幼儿教师必须在融合教育中担起责任，幼儿教师所秉持的哲学理念以及对环境和教学资源的管理能力在某种程度上决定着融合教育的质量。

对融合教育理论的了解促使我也同样关注融合教育的实践，正如邓猛教授所言，"少一点关于融合教育理论观点的争论，多一点对实践的关注，对于发展融合教育更有意义"。正是怀揣这样的情怀，我在进行毕业论文设计的时候，毫不犹豫地选择了调查武汉市幼儿园教师全纳素养的现状问题，我知道自己只是一个刚刚接触融合教育的学生，对于融合教育的理论仅有皮毛的了解，对于融合教育的实践也仅仅只是做到关注而已，但是关注也是一种力量。融合教育是一条艰难的探索之路，但是不管多艰难，仍有像奇色花这样的幼儿园在上下求索，仍有很多的教育工作者在积极地推进我国融合教育的进程，仍有很多学前教育的学生以此作为为之奋斗的理想。只是因为融合教育是一扇有光亮的门，它让人看到光明，让人感到温暖。

华中师范大学教育学院学前教育专业研究生　崔志月

有你 不孤独

十年前，我第一次走进奇色花福利幼儿园，在采访中，认识了蔡蕾老师。

那一次采访，印象很深。当时，我刚入职大河报，是新闻行业的新手，报社的资深编辑王丽带着我和摄影记者完成了采访，并在稿件写作中给予了细致的修改。

采访时，满眼的新奇。我第一次知道，这个世界上还有这样一群"有特殊需要"的孩子，他们像普通孩子一样，有纯净的眼睛，有肉嘟嘟的小手，有开心的笑脸，偶尔还有一点小脾气。我也第一次知道，这群孩子需要特殊的帮助，需要一群专业的老师理解他们的内心需要，从而带着他们健康成长。

无论是普通孩子，还是"有特殊需要"的孩子，每个人的成长，都是一个化茧成蝶的过程。成长，就是一个蜕变的过程，其间要经历刻骨铭心的痛苦，痛苦之中也有欢乐。

在那一次采访中，我知道了"全纳式教育"能够帮助这群"有特殊需要"的孩子"化茧成蝶"。虽然他们的心理、生理不同于普通孩子，但他们不是大自然的弃儿，他们也不应该被社会抛弃，如果给予他们正确的教育和引导，他们也能够回归到普通人的正常生活中。

十年过去了，我已经成为父亲，孩子九岁，已经上了小学。十年来，蔡蕾老师也成为我为数不多的真挚朋友之一。

不养儿不知父母心，做了父亲，我才明白，每个孩子都是父母心中的天使，是父母生命中最珍爱的东西，是父母心头最软的一块肉。一个人再坚强，孩子永远是这个人的软肋，孩子受到的伤害，一定是这个人最痛心的事。相反，孩子的健康与快乐，则是为人父母最大的喜悦与满足。

"全纳式教育"帮助的是"有特殊需要"的孩子，抚慰的则是他们父母的心。我想，当看到孩子健康成长，父母们将得到最大的慰藉。

　　蔡蕾老师主导的"全纳式教育"实践已经走过二十年了，这是一段漫长的求索之路，其间的辛苦是我们想象不出来的。是什么力量支撑她走过这段路？是什么力量鼓舞她克服了一个又一个困难？我只能以一个朋友的视角去猜想：大概，有那么多天真的孩子陪伴在身边，就永远不会失去前行的勇气。

　　我和蔡蕾老师谈心时，曾有过一段共同的感受。

　　父母与孩子之间，不是拥有与被拥有的关系，孩子不是父母的个人财富，孩子是父母的伙伴。我们要感谢孩子，是他们陪伴我们走过了人生这一段路。孩子在成长，我们也和他们一同在蜕变、成长。有了他们的陪伴，我们才不孤独。

　　我们的生活，只有一个孩子陪伴。蔡蕾老师的人生，有千千万万个孩子陪伴。

大河健康报主任记者　刘永生

为你建一座城

> 他们拥有宝石般的眼睛，明亮璀璨，他们拥有最美好的心灵，纯洁无瑕，这就是孩子们，他们的世界干净而美丽，他们是天使。可偏偏有些天使从一开始就没有完整的翅膀。
>
> ——题记

在2015年国际志愿者日到来的前一天，我有幸以一名志愿者的身份来到这座天使之城——奇色花福利幼儿园，第一次接触到了融合教育。

数日前的一场大雪让郑州的交通好几天都喘不过气来，也许是被我们这些志愿者们的热情所感动，出发早晨，天气虽然依旧那么干冷，但路面的交通还算通畅。在车上听着广播里飘出的"金水路沙口路路段有少量积水已结冰，出行请注意"之类的字眼，我的思绪早已飘向那所幼儿园，心情有些激动又有些紧张。来之前我了解到该幼儿园里普通孩子和特殊需要孩子的比例是按7∶1接收的，其中包括患有唐氏综合症、脑瘫、发育迟缓、自闭症的孩子。以前在老家的农村我也接触过类似的人群（当然都是成年人），他们给我留下的印象是：衣衫不整，头发因长期不梳理显得乱糟糟的，还特别爱欺负小孩子。其实小时候的我挺害怕他们的，大人们总说："离他远点，要不他该打你了。"现在想想也许正是我们这些人对他们的偏见和冷漠才导致成年后的他们越发地与这个社会隔绝，想到这儿，我的内心就有一丝丝愧疚。

带着深深地震撼和感动我们参观了这座美丽的城堡。之后我们有幸和苹果班的小天使们一起上了一次手工剪纸课，课堂上我和三名小女孩分在了一组，如果不是有人告诉我，我很难将"唐氏综合症、脑瘫"之类的字眼和那个心灵手巧的小女孩联系在一块。"大哥哥,我不会写自己的名字,你把我的号码(学号)写在上面吧!"这是那个特殊的小朋友送给我那幅珍贵的剪纸画时对我说的,她才五岁。孩子们的世界就像一张白色的纸,这个世界里没有偏见,没有歧视,他们只有爱,只有纯真,只有美好,很幸运自己在这里被孩子们的爱感染着,内心充满了感恩和快乐。

时间过得很快,剪纸课在大家的欢声笑语中结束了,之后我们还欣赏到了孩子们给我们跳的舞蹈,跳舞时他们的动作虽然不那么整齐,但却温暖、和谐,我想这也是融合教育的本色吧!每个孩子都是特殊的,为什么要让他们一模一样呢?无论如何,他们脸上绽放的笑容都是一样地打动人心。

奇色花是幸运之花,是梦想之花,是融合之花。七彩的花瓣播撒着快乐,为那些特殊需要的小朋友筑造了天使之城,在这里,爱和平等总会让你动容。

郑州铁路局郑州北车辆段　许延领

让我牵起你的手

那是一个周三的上午,我和往常一样,来到奇色花福利幼儿园。秋日的阳光温暖和煦,我满心欢喜地期待着,那和孩子们在一起的时光……我来自英国,现在是这所幼儿园的志愿者,每周三我都会来幼儿园给孩子们上课,教他们些有趣的事情。我每次都期待着这短暂的课堂时光——孩子们有很强烈的求知欲,给他们讲课,看着他们友好的微笑和好奇的脸庞,真的是一种让人欢快愉悦的体验。像以往的每个周三一样,我来到幼儿园准备给孩子们上课。突然,我被这样一幕场景所吸引,有两个小女孩手牵手,笑着、跳着从走廊那边向我走过来。是的,你或许会想,这不是一个幼儿园该有的常见情景么?但是当她们走近我时,我注意到了一些特别的事情——其中一个小姑娘是一个特殊需要孩子。此刻,呈现在我眼前的场景不正是融合教育的一部分吗?普通小朋友和特殊需要小朋友一起并肩散步,一起游戏,互相影响,互相学习……我不得不快点回班级里上课了,但是这一幕却时常在我的脑海里浮现。

融合教育到底意味着什么呢?是的,它意味着为孩子们创造了一个环境,在这里,特殊需要孩子可以和普通孩子一起上学,一起做游戏,彼此学习,互相进步;在这里,特殊需要孩子也有机会成为社会的一部分,而不被隔离在其他小朋友之外;在这里,特殊需要孩子能够真正像孩子一样被爱、被接纳、被尊重。

那融合教育对普通孩子有什么意义呢?在这过去的一个学期里,每周去幼儿园的时候,我总是被这类似的场景影响并感动着。有一周当我正在忙着帮孩子们做工艺品的时候,一个孩子跟我说:"老师,她是一个特殊需要孩子。"在这样融合环境下成长的孩子不仅知道这个世界上有着特殊需要孩子，而且他们也能意识到这些特殊需要孩子会成为他们生活密不可分的一部分。这些孩子从小就知道差异是可以被接受的，而且可以从周围的这些差异中去学习和成长，这会对孩子的成长产生不同影响。当我在帮一个男孩子在纸上粘东西的时候，他告诉我说："老师，她是特殊需要小朋友，她不会做这个。""是呀，她是特殊需要孩子，但是我们可以帮她做这件事啊！"我回答说。在每天的活动中，这些孩子都在学习相互帮助彼此。

我是一个志愿者，但我同时也是一位母亲，我的儿子三岁了，也即将上幼儿园了。在周围众多的幼儿园里面，我选择了奇色花。"为什么？"或许，你会这样问我。我想原因在于我期望让我的孩子在幼儿园里不仅是学习和玩耍，我更想让我的孩子意识到，这个社会有一些孩子跟他不同，我想让他在成长的过程中，意识到那些被视为"不同"的孩子，他可以和他们成为朋友，而且帮助他们，向他们学习。

我很感激能够在"奇色花福利幼儿园"做志愿者，能够为这个幼儿园在融合教育的伟大工程上，贡献自己的一份力量。看到那么多的孩子和家庭在这里得到帮助，我真心地希望随着幼儿园持续接收特殊需要孩子，越来越多的家庭能够受益，也期待社会能够越来越重视融合教育，能够让普通孩子和特殊需要孩子一起快乐地成长。

奇色花志愿者 Rebekah Duan
翻译：奇色花福利幼儿园　卢瑶瑶

只为那企盼的眼神

十八年前我进入第一社会福利基金会工作，担任基金会附设博爱发展中心社工员，记得第一次做家长咨询时，家长一手填资料，嘴里同时喊者"不要乱动，不要乱碰"，一手尝试者去抓幼儿，但幼儿东碰西撞完全待在自己的世界，并不理会母亲的斥责。咨询过程中家长盼望的眼神至今难忘，似乎我就能卸下她心头的重担，帮助她的孩儿正常生活，似乎我们机构就是她心中的浮木，能接纳她被责难又压抑的心灵。

十年前我接触奇色花福利幼儿园，奇色花从事融合教育，让特殊幼儿与一般幼儿在融合环境下快乐地一起学习、成长，这让我非常讶异也很钦佩，因融合教育在台湾虽存在多年，但当时还是一个推广的教育模式。而当时的奇色花已做融合教育十年，我好奇在当时特殊教育资源匮乏的环境下，如何孕育出这瑰丽的奇色花。

2007年12月在"海峡两岸融合教育研讨会"的开幕表演节目中我看到了答案。家长怅惘和企盼的眼神，以及幼儿"我要上学、我要上学"的声声呼唤，是促使蔡蕾园长办理融合教育最大的动力。

三十五年前第一社会福利基金会创立，当时的台湾启智教育仍处于初始阶段，许许多多彷徨无助的父母背着心智障碍的孩子不知何去何从，父母们四处寻找名医，甚至求神问卜，往往心力交瘁，金钱散尽，孩子却无起色，也没有一家适宜的机构训练教导这群孩子。

时空转换，场景更迭，在台湾启智教育已日趋成熟的当下，大陆内陆地区，却仍面临同样的场景，许许多多的家长在讯息不足及大环境不佳的情境下，忧心不知孩子的未来在哪里？

这几年中接触很多内陆家长，每次触及家长的眼神，都让我心虚，深恐无法满足家长的期待。在社会日益进步、繁荣的今日，家长要的不多，一个接纳的社会和公平受教的机会。期盼有更多专业人员能投入特教的大环境，也企盼社会大众能有开敞的心，让富裕、和谐的社会同时进展。

从 2007 年与奇色花第一次的惊艳邂逅至今十年，看着奇色花的辛勤耕耘，融合教育在这片黄土大地扎跟、开花、结果，与有荣焉。我深信努力后融合教育必成为社会的主流，特殊孩子的学前教育、学龄教育、成人生活、职业训练、就业服务、住宿服务都能一一实现。

让我们期许成为解开忧郁眼神的钥匙，也期望忧郁的眼神能因你我的努力重展欢颜。

台湾财团法人第一社会福利基金会　陈寿麟

千情阙

你们也还是一群天真烂漫的孩子，正值花样年华，却做了这帮特殊孩子的"爸爸"、"妈妈"。用你们那满是抓痕的手翻过了一页又一页的等待，你们说要为我讲那些训练趣事，除了在家庭，在活动中心，在户外，在KTV，还有孩子们渐变清晰的语言和他们偶尔会发光的眼神。

那孩子刚来时，除了骂人的话清楚明亮，不会表达任何需求，急了又抓又咬，每次带大伙出去吃饭或去大学校园做活动，他会用指头指着某一个陌生人破口大骂而乐此不疲，只是他不晓得他的所为有多不文明！尴尬的你们红着脸去给别人道歉解释。六百多个日夜，你们的精力和口舌没有白费，那孩子居然不再骂人，还会表达需求，情绪稳定了好多！被抓被咬也没流过泪的你们，竟喜极而泣，合起双手说，以后的日子，还要和他们一起哭一起笑一起走过风和雨！

看着你们还是幼稚的脸，轻抚你们已结痂的手，我想问，后悔选择这份职业吗？这话我没有说出来，因为你们的目光天真不乏热情，忧虑不缺坚毅！你们这些懂事的孩子，已然明了，你们是他们的守护天使！

爱美的小丽，善于告状的小宇，喜欢招惹别人的小菁，好自言自语的小佳，不再骂人的小良……他们都那么好看秀气，我说如果不是……你们说，人如花，花儿有美有香，不是每种都能二者兼顾，大家还是喜欢：只要是花就有它的美丽。

充满爱的你们和这样一群特殊的大孩子们，让我看到了不一样的风景，生命不是为了追求完美，生命是为了犯错，吸取教训，并向前迈进。你们今天的努力，就是他们早日过上独立自主的社区生活的希望！

我在桌前翻看我码的字，胆小的欣欣指着稿纸小声地问我：阿姨，这是什么？我说，它们是一些美丽又沉重的方块字，我们都不要负载它，我想用它们给大家盖一所美丽的房子，装载你们和你们老师的梦，还有我的梦！

奇色花青年互助中心志愿者　蔡　春

图文故事

▼ 微笑回来了

▶ 东东推倒了小静,被小伙伴当场"拿住"

▶ 小静哭得好伤心,同学们关切地围了过来

▶ 阳阳捧起小静的脸安慰她，帮她擦去泪水

▶ 女生们拉着小静去找东东讲理

▶ "东东,你推倒小静,要跟她赔礼道歉!"

▶ 东东看这阵势有点吓人,拔腿就逃

▶ 可是转了一圈,他又回到了女生那里

▶ 他捧起小静的脸说:"小静,对不起,请原谅我。"

▶ 大家一起将小静抱上三轮脚踏车

▶ 小静脸上又露出了开心的微笑

摄影/文字　奇色花福利幼儿园　张　芳

第 5 幕

－我们向同一个方向张望－

▼ 虽然在这条路上我们也常常感到力不从心,我们也不断提醒自己停下脚步,去享受生命留给我们有限而美好的时光,可看见孩子们成长的需要,家长们那求助的目光,我们犹豫了,我们卸不下肩上的担子,我们只能义无反顾地走下去……

把校园变成乐园

新源西里小学是一所融合教育学校，成立于1983年。那一年41岁的耿盛义校长受朝阳区教委的委任到这所新建学校上任，他内心有一种渴望，要让各种各样的小孩子在自己的这个王国里得到快乐，要把这个校园变成书园、花园和乐园。有了这样的教育理想，新源西里小学自1984年开始接收智力障碍儿童，独立组建班级。渐渐地附近学校的特殊孩子都被推荐到这里来上学，学校里的普通班和特教班都慢慢多起来了。那个时候，人们对这样的安置形式还有很多不理解，好好的一个学校，为什么要招收这么多特殊孩子呢？被安排到特教班的老师不明白自己做错了什么，才会被这样"惩罚"……耿校长一遍又一遍地告诉他们，这些孩子也应该上学，也应该被善待，他们更需要良好的教育。正是这样的想法和认识让学校成为普通小学附设特教班的试点学校，并发展成普教班小学义务教育六年制，特教班义务教育九年制的办学格局。

耳光中的误会

2002年学校迎来了新的继任者梁松梅校长，刚刚进入这所"不一样的学校"，梁校长充满了好奇，她对每个人微笑，亲切地问好，和他们打招呼，然而真正融入这所学校并非那么顺利。

一天中午，梁校长在操场旁一边看孩子们做午间活动，一边与一位老师交谈，突然听到"啊——啊——"的尖叫声，一个男孩子从他身边飞快地冲向操场，她拉住男孩的胳膊，"慢点儿，孩子，这样会——"，话还没说完，只听"啪"的一声，她脸上火辣辣地疼痛，不由得放开了手，男孩飞速地跑开。

梁校长捂着脸怔怔地望着操场，简直不知道发生了什么。身边的老师慌忙去寻找那个男孩的班主任。

操场上的孩子们有的跑过来看热闹,有的去追赶那个男孩,有的躲得远远的。

梁校长稍稍缓过神儿,在人群中搜索那个孩子,只见他整个人扎在沙坑里不停地用手翻着沙子,慢慢平静下来。

那一刻她没有恼怒,也没有恐惧,她说她看到的是一个需要搅动沙子才会快乐的孩子,但有多少人能理解孩子的渴望和痛苦,又有多少人能理解这记耳光中的误会呢?

这次经历不但没有把她吓退,还带给她一个启示:进入这所学校的每一个人都应该互相了解,互相理解,只有这样才能真正地接纳对方。

她开始观察孩子,访谈教师和家长,了解孩子的特点,了解家长的想法,了解特教老师的希望,以及普教孩子的感受和普教老师的担心……通过这些,她看到了普教特教在一起的挑战和价值。

她说,来这所学校之前,教育对她来说是传授知识和观念,现在她意识到教育带给孩子和教师的新视角,如何认识、融入和改变身边的环境,如何做一个让自己和别人舒服的人,这些疑问都应该在学校生活和学习中找到答案。而这些答案不是某个行政人员或者老师的事情,而是学校里的每一个人都应坚信身边的每个生命是一样的,都有着自己的感受和希望。于是她不再强调"特别的照顾",不再要求教师给予孩子"最好的教育",而是让他们自然地交往,自然地表达,然后倾听别人的感受,一起讨论该如何相处。

于是特教班和普通班的学生不再是"井水不犯河水",他们一起午餐,一起打球,一起开联欢会……

"蒲爷爷难过了"

老蒲是学校里的保卫人员,负责出入人员的管理,因为他对人非常友善,孩子们都叫他"蒲爷爷"。他非常喜欢小动物,并且坚信孩子们会在和小动物的接触中体会快乐。他养了小鸟、小兔子、小鱼,还有小仓鼠,把它们打理得干干净净,特别是五彩斑斓的小鱼,非常赏心悦目。

大宝的到来使小鱼们厄运临头,这是一个8岁的智力障碍伴颅内脑电波异常的男孩,白白净净,喜欢四处游走,脸上常常挂着微笑,经常把自己的手抠破,也经常使劲搂着小伙伴的脖子。这天他发现了老蒲的小鱼,一边笑着,一边用手伸到鱼缸里捞小鱼,老蒲望着他,轻轻地问:"好看吗?喜欢吗?"大宝大声说好看,喜欢,老蒲很开心。

大宝把一条小鱼捞出来，一边望着老蒲，一边狠狠地把小鱼捏成"肉饼"。老蒲张大嘴，又使劲捂住嘴，继续望着大宝，连续三条小鱼就这样活生生死去。大宝望着老蒲，说："小鱼死了，小鱼死了。"似乎在挑衅老蒲的耐心。老蒲把小鱼捧在手心，说："小鱼疼了，小鱼死了。"

大宝望着小鱼说："蒲爷爷生气啦？"老蒲望着大宝说："小鱼死了，我难受了。"大宝看了看老蒲说："小鱼死了，蒲爷爷难过了，蒲爷爷难过了。"

之后，大宝每天都去看小鱼，有时候还会把手伸到水里，每次都念叨着："小鱼死了，蒲爷爷生气了。"但是他再也没有伤害过其他的小鱼。

老蒲说他没有制止大宝，怕孩子受到惊吓，也怕大宝觉得小鱼比他重要，他只想告诉孩子小动物的感受，还有自己的感受。他说大宝刚来到这个学校，没准就想看看这里的人是不是真的能接受他，所以成心望着他捏死小鱼，看他会不会发脾气，会不会吼叫。

不管老蒲的猜测对不对，反正大宝开始喜欢他和他的小动物，每天早上他都会对着老蒲的鹩哥问几声好，跟老蒲要胡萝卜去喂小兔，还会问老蒲他的小鸟叫什么名字。或许老蒲让他感受到了安全和温暖。

"请叫我飞飞老师"

2015年7月，飞飞初三毕业考试后，主动要求回学校做义工，他说小学生活充满美好的回忆。这个自闭症小伙子还记得二年级从特教班回到普通班第一次考试的小故事。考试前他问老师要考多少分。为了给他减轻情绪上的紧张和焦虑，老师说不要着急，能及格就可以了。

考试开始不久，监考老师就反映飞飞拒绝考试，开始画画。老师问为什么，他说这些已经及格了。老师查看了一遍试卷不禁哑然失笑，刚刚60分。老师不得不给他解释，及格已经可以了，假如你还有会做的，要继续做，争取更好的成绩。飞飞开始紧张，反复问要考多少分。老师只能告诉他，完成自己所有会的内容，并尽量保证正确。后来飞飞的试卷得了93分。

他说那时候很多事情都不懂，都要问老师，所以应该来做义工，回报学校。之后的一个月，飞飞每天为老师做助手，还承担整理训练器具的工作，甚至还在学校承办的培训活动中，做材料准备和引导员的工作。

有一天飞飞闷闷不乐地来找朱老师。"怎么了？心神不宁的。"朱老师问。

飞飞手足无措半天不语，好几分钟后，他声音弱弱地问："朱老师，你现在怎么称呼我？"

"飞飞老师啊！"

"可是校长叫我飞飞，我可不可以跟她说这件事儿？"

飞飞敲开了校长的门。他说："您是师长，应该叫我飞飞，但是同学们听到会让我很尴尬，所以——希望您——"

"真抱歉，让你尴尬了，我应该叫飞飞老师，而不是飞飞，还有其他老师让你尴尬吗？我也提醒他们。"

此后大家都称呼他飞飞老师，这件事情让我们懂得每个孩子都会长大，每个孩子都需要其他成员真心的尊重。

"我不去上小课"

笑笑还在新源西里小学五年级学习，数学对这个智障孩子来说已经极具挑战，当资源老师建议他数学课单独学习的时候，他非常惊讶，询问原因。得知老师认为数学挑战大，担心他课堂收获少的时候，他轻描淡写地说："我不去资源教室上小课，我不会列式，但是会计算。"后来他的应用题都能做对，老师发现他总是为班里做各种小事情，比如擦黑板、收拾桌椅等，所有同学对他都非常认可，因此当他求助的时候，没有人会拒绝，并且他也知道应该找谁才能确保正确率。

大宝来学校的时候，已经因为校园恐惧症辍学6个月了，他刚来新源西里小学的时候，每天早上都在学校门口撕心裂肺地哭喊，直到老师把他拉进学校，或者家长把他带回家。第一周，他只上了一天学。资源教师了解了他的家庭和辍学情况后，为他提供了沙盘和陪伴服务，在陪伴中，他和老师一起狠狠地摔撒气球，在沙盘中他进行了自省，几天后他痛哭流涕地向陪伴的老师讲述了自己的遭遇和不满。之后他上学时不再哭闹了，上学天数也慢慢增加，从第9周开始，每天都可以来上学了。

"所有的歧视都是大人们传递给孩子的"

童童是一个智力障碍小朋友，也是学校第一个从特教班回到普通班的孩子。回想当初，当资源老师们兴高采烈地向童童妈妈报告童童可以到普通班融合的时候，她非常坚定地表示不可以，然后讲述了自己的理由，她说："没有家长愿意看到自己的孩子被歧视、被欺负，以往童童和我们经历了太多不开心的事情，我看到过小朋友排斥他，抢走他的东西，甚至打骂他，而他们的家长只是让他们的孩子远离我们，那时候童童还小，还不懂这些事情。但是现在他长大了，上学了，懂事了，我们不希望他再受到那样的对待，不希望他受伤。"童童妈妈的担心代表了一部分家长的心声。

为了消除家长的顾虑，学校安排了家长观摩活动，让家长通过自然观察了解孩子们在游戏活动中的交往状况。当童童妈妈看到童童和普通班的孩子一起读书、摆拼图的时候，她眼里泛着泪光，她说原来孩子心底是那样纯净，所有的歧视都是大人们传递给孩子的。从此童童妈妈自愿承担起对特殊学生家长宣传融合教育的工作。在她的带动下，学校的家长义工越来越多了，现在学校的家长义工有的负责动作训练，有的负责家庭教育分享，有的负责对新生家长的宣传等，其中有个唐氏综合症小朋友的家长还建立了唐宝宝群，与全国各地一千多位家长分享学校的教育训练经验。

"我要给豪豪做榜样"

对于融合教育中普通家长的服务，一方面是帮助他们了解融合教育，消除他们对融合教育的担心，另一方面是帮助他们更加深入地了解自己的孩子，享受到融合中的教育资源。

二年级的佳佳是个温和可爱的小姑娘，当她被选拔为"爱心小天使"，与班里的智障同学豪豪交朋友的时候，佳佳爸爸和老师进行了沟通，认为佳佳胆小又内向，怎么能去帮助和辅助别人，更何况还是特殊的男生豪豪呢？对佳佳爸爸的担心，老师表示理解，并和佳佳爸爸一起确定了第一阶段做"榜样小伙伴"的任务，包括和豪豪一起收拾学习用具、大声讲故事、跳绳、擦桌子等，这些项目也是佳佳需要练习和提高的项目。

一周后，佳佳爸爸高兴地向老师汇报，佳佳每天在家认真练习擦桌子、扫地、读书等，她说要给豪豪做榜样。家长及时鼓励，并让佳佳制作了精美的卡片，记录自己的豪豪的进步。

三十年过去了，新源西里小学经历了"普教为主附设特教"、"普教特教并行并重"、"融合共发展"和"从融合走向个性化支持的全纳教育"的发展阶段。耿盛义校长看着学校的发展总是感谢后来的继任者接过了接力棒，在自己的基础上探索创新，实现了自己的教育梦想，不仅"让各种各样的小孩子在自己的这个王国里得到快乐"，还让每位教师和进入校园的每个生命得到快乐、安全和成功。这份责任在每一个新源西里小学的教职员工的心中扎根，并传递给学生、家长和每一个走近的人。融合教育不仅让身在其间的每个人今天在校园里互相接纳、友好相处，也让他们明天在社会上互相支持、和谐共赢。

北京朝阳区新源西里小学教学主任　朱振云

爱像浥河水流淌

清平小学是一所普通村小，由4所农村小学合并而成。2012年9月，9名孤残儿童背上新书包，走进清平小学，圆了自己的读书梦。而清平小学也开始了对"全纳教育、健残一体"的探索。每天清晨，迎着美丽的朝阳，他们带着灿烂的笑容，由福利院阿姨送到学校，放学后再接回福利院。这些孩子是不幸的，但他们又是幸运的，社会的关爱让他们拥有了第一个幸福的家——潍坊市儿童福利院；学校的无条件接纳让他们又拥有了第二个幸福的家——清平小学，因此他们被学校师生们亲切地称为"福娃"。

时间流逝，残疾儿童与健康孩子一起学习、生活的尝试，很快让老师们看到了学校教育的多赢局面。别以为孤残儿童是一群悲观、软弱、自卑、可怜的弱势群体，正因为他们特殊的身世，所以他们更懂得珍惜爱。他们坚强、友好、快乐、阳光，健康的孩子们也从"福娃"身上学到了许多东西。

"福娃"刘远矮小畸形，成骨发育不全。虽然他自身行动不便，但却精心照顾着一名今年春节后刚刚送进儿童福利院的小伙伴（这个不幸的孩子在一场大火中失去了父母，自己也被大面积烧伤）。他口才非常好，理想是当科学家。学校举办活动时，他常做主持人；同学们参观福利院时，他做解说员；课堂学习时，他做小老师。他有着同龄孩子少有的大胆和自信。4年级期末考试，除体育课外，成绩全部为A；参加"高新区第一届读书节诵读比赛"，也取得了优异成绩。更让人惊奇的是，这个12岁的小男生，居然还有两项国家发明专利，获取了"实用新型专利证书"，一个是多孔照明笔，另一个是加湿器。

"福娃"华运患先天性双足缺如，但他是一个非常懂事、内心阳光的孩子，每次见了老师都会主动打招呼，老师们都非常喜欢他。华运因为腿脚不方便，没有和同学们一起下楼到院子里做操，趁着同学们都出去了，他在用抹布擦饮水机上的灰尘。这一幕被刚好经过的吴校长看到，校长问华运："老师让你擦的？"他边擦边说："不是。同学们总是帮助我，我也想为班级做点事情。"话虽然不多，却深深地感动了校长。

每天清晨进校时，同学们都会听到患有先天性脑瘫的方春口齿不清但一字一句、认真而又热情地大声说："老师好，同学好。"他背着大书包，一摇一摆地走进校园。很多同学看到他，都会赶忙上去搀扶，这时方春却说："谢谢，不用你们扶，我自己能走。"福利院的工作人员刘萌萌老师说：方春在接受治疗时，他的嘴、脖子、双脚都扎上了钢针，疼得直哼嗦，但从来都没哭过。他说："我不怕疼，我想上学。"

残疾同学的阳光和坚强感染着健康的同学们，他们由衷地称赞说：

"我在方春同学身上学到了坚强。"

"遇到困难不怕，想办法解决。"

"刘远很阳光！"

"老师说郭君扎钢针的时候都没有哭。"

"华运总是悄悄地帮我们打扫卫生。"

…………

更让老师们感到欣喜的是，同学们在与"福娃"的相处中，学会了如何去关心和帮助他人。面对残疾同伴，健康孩子们伸出了友爱之手，爱在清平校园里奔腾流淌。孩子们为能帮这些需要帮助的小伙伴做点事而深感愉悦和自豪。

"我经常帮助唐灿接水。"

"有时候看到刘远上楼吃力，我们几个把他抱上来。"

"唐保听不清老师布置的作业时，我帮他记下来。"

"每天跑步的时候，我故意跑慢一点，等着华运，陪着他。"

"福娃"们共同的心声是："在清平小学上学，很快乐！"和他们交谈，他们会如数家珍地告诉你他们的好朋友，那一刻，满脸都是灿烂的笑容。

"福娃"们刚入校时，学校里有些孩子模仿刘远走路的样子，后来这样的同学越来越少，现在已经完全没有了。唐灿还上一年级的时候，有一次课间，程玉伟老师看见唐灿去卫生间，她知道这孩子双手有问题，想过去帮帮她，但在卫生间门口，她站住了，因为她发现，几个小女生正在帮助唐灿提裤子。出了卫生间，华运等在那里，又帮唐灿整理了衣裤，一切都是那么自然。

教育家陶行知说过，"教育不能没有爱，没有爱就没有教育"。"健残一体化教育"在每一位健康儿童心中埋下了"大爱"的种子。乐于无偿奉献已成为清平小学特有的文化内容，这种文化自然也传递到了教育理念中。健康的孩子在和这些孤残的孩子交往并逐渐成为朋友的过程中，他们的爱得到了升华。而融入了这个温暖的集体，孤残孩子的心理也得到了健康发展。家长们从孩子的身上看到了爱的力量，看到了孩子们的成长，再也没有人认为残疾孩子会拖正常孩子的后腿了。相反，不少家长在节假日主动带着孩子到福利院看望这些"福娃"。

爱就像学校旁边浞河的水一样，在校园里静静地流淌着⋯⋯

光明日报社主任编辑　王　玲

本文摘编自《光明日报》2014年7月25日13版《有爱不孤　有教无类——山东清平小学"健残一体教育"实践记》一文

板凳　沙发

在楼梯的拐角处,放着一个凳子。就是那种普通的、黄色的、窄窄的木凳子。凳子很老很老了,斑驳得有些丑陋,在灰暗的角落里,微微泛着浅亮。凳子旁边有一个纸袋子,里面放着一些书和杂志。

通常凳子都是空的,静静地摆放在那里。每个经过这里的人,都会留下疑问:为什么这里会放一个凳子?学生是不可能坐在教室外面听课的;老师有办公室,自然也不会享受这样的冷遇;家长吗,更不可能,有哪个家长会耗费时间在教室外面坐冷板凳?

听了我讲的这个故事,你就会明白的。

课间操时间,操场通常会成为欢乐的海洋。广播操有条不紊地进行着,老师们站在队伍的最前方四下巡视。突然,我和代同时注意到了,在篮球架的两根铁臂中间,有一个孩子在挣扎。"这是哪个班的学生,三令五申地进行安全教育,竟然敢明知故犯地去攀爬这么高的篮球架!"我和代抑制着心中的不快,疾步朝那个孩子走去。

近了才看到那是一张怯生生的脸,因为头被夹在里面,他正急切地想摆脱束缚。看到有人靠近,他简短地说:"头,不出来。"

原来是国豪,看到他的瞬间,我有点莫名的惶恐。这个孩子我是认识的。记得那天下班后,张打电话约我去办公室,说先前她提到的国豪的父母已经在办公室了,让我尽量快点到。急匆匆地走过去,我见到了他的父母。年轻的八零后,孩子的爸爸身材健硕,十分健谈;孩子的妈妈憔悴的脸颊、疲惫的眼神给我留下了很深的印象。两个人抢着和我交流,爸爸比较理性,妈妈呢,可能更了解孩子,生怕解释的不到位,一个劲地补充。

就是在那天,我知道了国豪是一个星星的孩子,在他很小的时候就检查出了自闭症，小小的他把自己关在了黑暗的夜空，独自闪耀着微亮的光芒。星星，多么富有诗意的名字，只有真正地靠近，才绝望地发现，自己多么无可奈何。因为拒绝，因为孤独，他在离你很近很近的地方，让你感受到了彻骨的冷。冷，是你无法触及的伤痛。原本强大的人，在弱小的孩子面前，也显得羸弱。是啊，星星的天空一片阴霾，父母的世界已经在下雨。你又怎么能让他打开那扇紧闭的门，让你拼命挤进去？

  我再次审视这对年轻的父母，无数次在心中想象着这个叫国豪的孩子，他的降临，给父母带来了多少快乐和不幸。从他们的描述中我了解到他们急切地想让孩子和正常孩子那样一起上学放学，他们把这种方式叫做融合。融合，对于他们这些有特殊需要的孩子来说，似乎遥不可及，他们来我们学校之前不知道经历过多少次被拒。但幸运的是，学校最终决定接收国豪。将近十岁的他终于坐在了一年级的教室里。

  正是这样，才有了现在篮球架被困这一幕。我和代安慰着被篮球架铁臂困住的国豪，让他试着慢慢转动头部，直到他小心地离开了那个铁家伙。一旦脱离险境，小家伙迅速跑走了，像一只欢快的小鸟。后来，看到过他拿着砖块投篮，似乎对篮球架充满了好奇。只是虽然他看起来在一大群孩子中间，被很多同龄的孩子包围着，却始终是孤孤单单一个人，远远地还站着他孤孤单单的妈妈。妈妈站在操场的角落里，眼神总能穿过一大群孩子搜索到他，只要没有危险，就任由他奔跑。国豪熟悉了后操场的设施，开始攀爬前院的假山、小树时，妈妈总能适时地出现，制止他的行为。

  下一次，换了一个篮球架，他又被夹住，几个女老师再一次将他解救出来，看到他可怜巴巴的样子，只好再一次原谅了他的过失。

  上课了，终于见到了凳子的"主人"。国豪的妈妈坐在凳子上，一边随意翻看着袋子里的书，一边留意着教室里的动静。没多久，国豪推开门奔向凳子的位置。妈妈立刻放下手里的东西，站起身来对他低声说着什么。先是两个人执拗地交换意见，接着妈妈作了妥协。他们离开楼道，来到操场。孩子一下子就变了，他撒着欢在操场上跑了一圈又一圈，完全是一个顽童，沉浸在自己的世界里，不管不顾。

  听说，先前妈妈是站在楼道里，后来是唐老师找来了凳子让妈妈坐下，再后来，学校领导特别关照，把凳子换成了沙发，好让妈妈坐得舒服一些。

  现在，当全校师生知道学校里有一个特殊的孩子后，面对拐角处的沙发，对于这位妈妈，都多了几分敬意。

他比班里的孩子年龄大，个子也高，唐老师还是将他安排在第一排靠窗户的地方，同桌坐着一个小姑娘，只要国豪不想坐在教室里了，女孩子就是一道天然的屏障，阻止他自由出入。四十分钟对于每一节都有学习任务的孩子来说，过得很快，可是对于特殊孩子来说确是很大的考验。

一天过去了，又一天过去了，妈妈始终陪孩子一起来上学，她每天就静静地坐在教室外的凳子上，忐忑又满怀期望地向教室门的方向张望着、等待着。终于在一个星期后的一天，下课铃响了，教室的门却没有被推开过。妈妈重重地松了一口气，孩子终于可以坚持上完一节完整的课了。

如今，国豪已经在学校里待了七周。这七周里，国豪每天都有新问题、新发现、新想法和新变化。唐老师说："我发现国豪其实很聪明，他会写很多字，尤其是他的画，让同学们眼前一亮，他喜欢我，我的课每次都能坚持上完……"

我曾经担心过他能在这样的学习环境里坚持多久，但她的妈妈、唐老师还有他自己都用行动诠释了爱的力量。是爱，感动着每一天冉冉升起的太阳，感动着娇艳芬芳的花，感动着焕发生命色彩的新绿，感动着国豪身边的每一个帮助他成长的好心人。愿更多像国豪一样的孩子能够找到充满包容和接纳的环境，帮助他们生出一对有力的翅膀，在同一片天空下翱翔。

兰州秀川小学　吴红英

那条界线消融后……

（一）

早在1993年到2004年，启智学校和横湖小学在同一个校园，一部分老师也从横湖小学转岗过来。虽然同一个校门进出，一道铁拉门将两个学校隔离开来，双方师生互不往来。"你不好好学，就送你去对面"，横湖的老师经常对调皮或者学习差的学生说。"离这帮傻子远一点！"接送孩子的横湖家长常会叮嘱自己的孩子。2005年秋季，学校从横湖小学中搬了出来，两边都松了一口气。横湖的师生觉得眼不见为净，启智的师生觉得少受些白眼和指点更舒心。

（二）

2011年，"普特融合"理念的春风吹进了启智老师的心田，"建设德育实践基地，教育孩子们尊重生命、帮助他人"的思想也在横湖小学酝酿，共同的需求让两个学校的校长一拍即合。分隔五年多的两校师生在市教育局、市残联领导的见证下又会聚在一起，开启了"普特融合"的新篇章。此后两校教师在教学、科研、管理等方面展开了全方位的合作与交流，两校学生和家长在艺术、体育、德育等方面开展"手拉手，共沐阳光"融合实践活动。

"没想到教8个孩子比教60个孩子更难，更累。"在"交换课堂"活动中，横湖的老师感慨道，"我们班那个随班就读的学生比这些学生程度好多了，我回去要表扬他。"

启智的老师也交流着各自的收获："60多个孩子，我的眼前是黑压压的一片，顿时蒙了，普教的老师组织教学能力真强。"

"普教老师的教学设计环环相扣，思路清晰。"

"启智老师课堂评价语言精炼，肢体语言丰富，无声胜有声，值得我们学习。"

在"劳动技能大比拼"活动中,启智孩子表演的包饺子、炒饭、摊煎饼令横湖的学生、家长、老师折服,一阵阵如雷般的掌声让孩子们笑得更灿烂了,胸膛也挺得更直了。

"我家的孩子从不干家务,还不如这些学生呢!"王老师如实说。

"妈妈,我回家也要学做饭。"她的孩子接着表决心。

(三)

一向贪玩的小张最近成绩突飞猛进,家长看在眼里,喜在心里。无意间发现孩子的作文本里写着这样一段话:一个脑瘫同学拼命用左手摇摇摆摆地写着歪歪斜斜的字,每一个字都是那么费力,却又那么一丝不苟。我又有什么理由不完成作业,不好好学习呢?原来,在手拉手活动中,小张被脑瘫同学小李写字的场面感动了。

后来,小张还经常过来教小李写字,他的家长也到学校认小李为干儿子,发现小李家庭困难后,不仅承担了他每学期的生活费,过年过节给他买新衣服,还为了方便他书写特意送给他一个平板电脑。小李的父母拿着自家晒制的菜干、腌制的萝卜、亲手做的桐叶包子答谢小张一家。小张的父母是商场高手,善于发现商机,他们给小李的家长提建议,帮助他们经营一个小摊,卖自家的农产品,生意不错。

小李在努力学电脑,说高中毕业后去开网店,把土特产卖给更多的人。小张也考上了市重点中学,成绩优秀。

(四)

一次活动感动一帮人,更多次的活动感动更多的人。你牵着我,我拉着他,更多的学校、更多的老师、更多的学生和他们的家长参与到普特融合中来,这座桥越来越宽,越来越畅,学校的资源越来越丰富。

市中青班学员的家长们带着礼物走进校园,教孩子们洗脸、画画。"没想到我竟然真的教不会他洗脸……",一个副镇长边抹眼泪边汇报心得,"孩子的老师和家长是多么得不容易!我们镇一定对这些残疾家庭给予无条件的扶持。"

"我们民政办会资助本镇孩子的生活费,并报销部分康复费用。""这个孩子的家长可以到镇里来办低保。"

"我们镇有福利企业,高中的孩子可以过来就业。"

"我回去把孩子送来当志愿者。"

"我会长期和这个孩子结对,直到他完成学业。"

"我是人大代表,我会建议市里对你们学校给予政策优惠。"

其他学员纷纷表态,学校里一些悬而未解的事情得到了很多很好的建议。

(五)

学校刚搬到此地时,一些居民很拒绝、排斥,说是一群傻子会破坏村里的风水,有的居民像看马戏似的跑上校门口的台阶看学生。现在,居民们变得非常友好,还成了老师的好帮手,校门口的菜场、超市、水果摊人员等,都能热心接待学生,耐心帮孩子挑选、算账。老师们带学生出去也由开始的躲躲闪闪到大大方方,还不放过任何一个进行社区教学和融合理念宣导的机会。

担任社区主任的小赵家长自从听了孩子的融合故事后,带领社区居民进校园,为孩子们包粽子、做汤圆,还接周末不回家的孩子去社区参加端午节活动,管孩子们吃、管孩子们玩。他帮着学校联系当地社区,大家出面为学校解决了很多实际问题,如为学校每周半天开展的社会实践活动联系机构、商场、企业,组建志愿者团队,其中的理发团队每学期两次为孩子们理发,菜场团队为学校提供摊位,让学生卖自己种的菜、烤制的糕点和制作的手工作品,居民们争相购买。

(六)

后来,学校相继与周边的学校开展普特融合活动,不光是城区周围的方城小学、温岭三中等义务教育学校,还和泽国三小、温峤三小、石桥头小学等乡镇随班就读学校开展师资培训交流活动。特殊教育学校的学生也按区域定期参加附近学校的运动会、六一或元旦的庆祝活动等。

学前教育和职业高中的融合教育活动也相继与机关幼儿园、方城幼儿园、职业技术学校、职业中专等学校展开,并且已经常态化,每学期都有固定的活动课程。学前的融合活动将是今后研究的一个重点,年龄越小越容易促进孩子的社会化发展。高中段的融合也取得了显著的成效,学生在两校定期相互交流,互相成为团队合作中的一员,而且职业教育学校为特殊教育学校提供了丰富的选择性课程和实践基地。

几年的普特融合实践,实现了多方共赢的良好局面,我们特教人更坚定了融入教育的信念,就在这个月,"厘米推动、融入社会"八个红色大字郑重地落在学校教学楼的墙上,成为师生共同追求的愿景。

温岭市特殊教育学校校长　蒋辉军

爱，让每一粒种子都开花

每个孩子都是一颗花的种子，有特殊需要的孩子就像是迟开的花朵，他们也有自己独特的美，需要别人欣赏。

作为一名从教10年的小学教师，我接触的都是些活泼健康的孩子，直到有一天，我遇到了两名特殊的学生，桢桢和阳阳。桢桢，脑瘫患儿，智力低于同龄正常孩子，无法独立行走。阳阳，因患进行性肌营养不良，需轮椅代步，且病情持续恶化。见到这样的孩子，不得不让人感叹：同在蓝天下，他们本应像其他孩子一样快乐成长，有着美好的未来，可命运的不公让他们拥有的只是深深的自卑和对现实的无奈。给他们同样的教育，我感到身上重重的责任和义务。

为了接纳桢桢和阳阳，学校对厕所、楼梯进行了改造，安装了扶手坐便器，设置了无障碍通道。同时，为了方便两个孩子进出，学校将我班教室长期固定在一楼离校门、操场、厕所最近的位置。学校还联系新津县残联为阳阳免费配备新轮椅，为桢桢配备康复训练器械。学校特殊教育资源室也将他们纳入服务对象，联合各科老师与残联康复员为他们制定了个别化教育计划和康复训练计划。作为班主任，我查阅了大量特殊教育方面的资料，并多次与成都市的特教专家蔡明尚、曹照琪交流探讨，以便能更有针对性地帮助到他们。

爱与你我同行

阳阳是一个自尊心很强的孩子，因为身体原因，他很自卑，几乎不与人交流，班上的同学也不知该如何和他交往。看到这种现象，我主动和他聊天，希望能得到他的信任。开始时，我们的沟通非常困难，他几乎拒绝和我交流。但当我坚持每天和他谈一些他感兴趣的话题时，他逐渐放下戒备，敞开心扉，开始主动和我交流，渐渐地也和我分享一些学习生活中的趣事。趁此机会，我在班上召开了一次主题班会——"爱与你我同行"，教同学们如何去帮助有需要的人，去爱身边的人，效果很不错。课后，我在班上发出"争当助学小伙伴"的倡议，号召同学们一起来帮助桢桢和阳阳，大家都踊跃报名。针对两个孩子的不同情况，我为他们各自选定了助学伙伴。

桢桢学习成绩不太理想，我特意把她与班中三名品学兼优的同学安排在一个学习小组，当她遇到困难时，小组内的同学就会主动帮助她……渐渐地，桢桢的学习有了进步。

阳阳性格内向，我特意选择班上活泼开朗的几个同学做他的小伙伴。他们在课间常推着阳阳出教室玩耍，帮助他上厕所。孩子们还常把阳阳推到操场，鼓励他自己推轮椅，因为他们听康复员说过，阳阳需要锻炼手部肌肉才能避免病情加重。

在助学小伙伴的影响下，越来越多的同学加入到了帮助桢桢和阳阳的队列中，他们在学校的好朋友越来越多，自然而然地就融入了我们这个大家庭。

"老师相信你一定能行"

因是脑瘫患儿，桢桢的智力低于正常同龄孩子。学习上，只要她有一点进步，哪怕只是学会一个字，我都会及时表扬她。有一次，我在讲《谁说没有规则》一课，当我问"你发现校园里、大街上有哪些不守规则的不良现象"时，同学们齐刷刷地举起了手。这时，我发现桢桢想举手，但又害怕地缩了回去。于是，我走到她的课桌旁，大声说："今天桢桢听课非常认真，我们请她来回答这个问题好吗？"同学们都大声说好。但桢桢只是望着我，默不作声。我摸了摸她的头，坚定地说："试一试，老师相信你一定能行！"桢桢的眼神中流露出一种自信，小声说道："有人在过马路时闯红灯，翻护栏。"话音刚落，教室里便响起了一阵热烈的掌声，我也及时鼓励她："桢桢回答得很好，看来她平时观察得很仔细。"听了我的话，桢桢开心地笑了。从此以后，课堂上，她积极自信多了。这些对她来说，可都是不小的进步啊！

一个家庭"生"的希望

除了助学小伙伴，我同配班老师一起联系了退休教师、开元大学的大学生、社区医生和残联康复员来帮助桢桢和阳阳，将"助学伙伴"从同龄小伙伴拓展到了学校教师伙伴、家庭伙伴、专业伙伴、社区伙伴，整合运用学校、社区、家庭的自然资源构建了伙伴支持系统。

  在大家的共同努力下，两个孩子都有明显进步。桢桢经过康复训练，现在已经能够独立行走，还能积极参与课间活动和部分体育活动，而她的成绩也由20多分提升到及格水平。以前沉默寡言的阳阳也变得乐观向上了，经常积极主动地与同学们交流玩耍，学习成绩一直保持在班上的中等水平。

  2013年10月，阳阳接受了新津县"春兰红十字博爱金"基金会的捐款。学校的帮助、社会的关爱不仅让桢桢和阳阳感受到了温暖，也让他们的父母感动不已。2014年10月，中残联挪威项目参观团到我校参观座谈，阳阳妈妈谈到女儿在学校的成长，感动得热泪盈眶，泣不成声。会后，她拉着我的手一个劲地道谢。她的肯定给了我们将这份工作继续坚持下去并做得更好的动力。望着她远去的背影，我的眼眶湿润了，因为我深深地明白，孩子的进步不仅是自己的成长，更是一个家庭"生"的希望。

  每一个生命的成长都有自己独特的经历。花开必有时，哪怕是一朵迟开的花，只要用爱去呵护它，定能使它绽放出最美丽的色彩！

成都市新津县花源镇中心小学 李 岚 曾小斌

难忘的圣诞夜

根据新津县教育局的要求，我们作为融合教育专家指导组的成员，对该县的融合教育进行了三天的指导。今天是圣诞夜，下午我们拒绝了资源中心领导的好意款待，提早回到了宾馆。晚饭前，天上飘起了小雨，寒气袭来，在夜幕中我们去了附近一家大众化的汤锅饭店，决定吃点热饭热菜，去去寒气。

很快我们吃完了桌上的热汤热饭，准备付钱离开，服务员来到桌前告诉我们："你们的饭钱已经有人付过了。""谁啊？""就是你们对面桌上吃饭的人。"顺着服务员指的方向，我们看见了正在吃饭的一家三口，其中那个孩子看见我们，兴奋地站起来，手舞足蹈用不清晰的语言对着向他走去的蔡校长说："我—认—得—你。"这是一位曾经为了能够读书，被家长带来向蔡校长咨询和求助的智障孩子，我们回忆起前段时间，在孩子所在的学校听课时，还在课堂上与孩子见过面呢。家长见我们有些为难，赶忙说：你们为了我们孩子的学习，费尽心血，今天，我们只是想表达一点微小的谢意。家长的盛情让我们无法推却，只好向热情的孩子和他的爸爸、妈妈道了谢，在夜色中离开了饭店，向回去的路走去。如果说饭店的一幕是偶然的相遇，接下来的事，让我们在这圣诞夜里感受到了更加难以忘怀的温暖。

在回宾馆的路上，路过一家还在营业的水果店，我们进了店里，准备买点水果回住处休息，我们挑选了香甜的柚子和一点零食，到前台付款时，老板笑眯眯地告诉我们：已经有人为你们预放了200元钱的购物费在柜台上。这突如其来的情况，让我们来不及多想，赶紧寻找那位付款人，见面才知道，这是一位融合教育农村学校的老师，她和她的家人也来店里购物，是她悄悄为我们付了款。这位穿着朴实,已是中年的老师说:你们为了开展融合教育好辛苦啊,每次来学校指导我们工作,连一顿饭都不吃,就匆匆忙忙地离去,一直想表达对你们的心意,总是找不到机会……我们再次被这位眼前的老师,和她背后热情的家人所感动了,我们不知道用什么语言来表达此时此刻的心情,是激动、是感激……一股暖流温暖着我们的全身。是融合教育为我们结下的情结,让我们的心在这个难忘的圣诞夜中久久难以平静。

我们是特教战线的老兵,十几年前,我们分别从特教学校各自的领导岗位退下来,为了让每一个孩子都得到教育的权利,共享同一片蓝天,我们来到教育资源贫乏的新津县,努力开拓融合教育领地。为了这既艰辛而又充满阳光和希望的事业,我们风雨兼程,不离不弃。虽然在这条路上我们也常常感到力不从心,我们也不断提醒自己停下脚步,去享受生命留给我们有限而美好的时光,可看见孩子们成长的需要,家长们那求助的目光,教育工作者们已经激发起来的热情,我们犹豫了,我们卸不下肩上的担子,只能义无反顾地走下去。

成都武侯区特殊教育学校原校长　蔡明尚
成都特殊教育学校原副校长　曹照琪

朝朝变了

去年，我班来了一个又矮又小的朝朝。跟他一块儿来报名的马奶奶告诉我，这孩子自生下来不久，母亲就离他而去，父亲又是个很不负责的人，孩子从小就缺衣少食，严重的营养不足，造成他四岁才学说话和走路，后来发现他智力也有障碍。我听了之后，叫马奶奶放心，"只要孩子在我身边，我一定要用爱去温暖这个不幸的孩子。"马奶奶听到以后，放心地走出了校园。

站在我身旁的朝朝，年纪已满8岁，看起来却只有四五岁的样子。他那瘦弱的身子，任谁见了都会心痛。我亲切地询问他的生活、成长、经历等。朝朝告诉我，他们全家四口人都是靠政府给他们的低保和吆爸在镇上扫街的工资来维持生活，父亲在外打工，对他不闻不问。前不久，奶奶生病，没钱医治，在家躺着。后来社区主任知道了，向街坊邻居发起捐款的倡议，他奶奶才得以去住院治疗。奶奶住院，吆爸在医院伺候，家里就没有人照顾朝朝。我问他生活怎么办？他给我讲，家里什么也没有，到吃饭的时候，他只有挨饿。有时街坊邻居好心人看不过去就叫他去吃一顿饭，有时给一点儿水果，但谁也不可能天天给，有时，实在饿极了，只有到垃圾桶里去寻一点食物吃。捡垃圾，捡菜叶成了他生活中不可缺少的一部分。

听了孩子的述说，我的心像倒了五味瓶，眼泪止不住地往下流。我暗自下决心，只要孩子是我的学生，我一定不让他挨冻受饿，我要让他像正常孩子一样，过着快乐的童年生活。

为了让朝朝接受最好的教育，我把他的情况向分管特教的领导刘校长反映，刘校长知道后，把朝朝分到很负责的徐学华老师那班。朝朝每天上午去随班上课，下午回到辅读班，我对他及时辅导，待他掌握好基本知识以后，就教他一些生活常识。朝朝进校不久就适应了学校生活。

看着朝朝的变化，我可高兴了。我利用节假日给他找了许多适合他穿的衣裤和一些学习用品，叫他拿回家存着，以备后用。但在某一天，我看见朝朝穿了一双保暖鞋，当时气温接近30℃。我问他："为什么不穿凉鞋？"他说："家里没有。"于是我就牵着他到镇上的童鞋专卖店去给他买了一双凉皮鞋。朝朝穿着凉皮鞋，心里那种激动劲儿就甭说了。在路上，他告诉我，他长这么大第一次穿这么好的鞋。我说："孩子，老师以后会经常帮助你的，老师希望你生活得快乐。"

有一天，徐老师那班的学生给我讲，朝朝常常趁同学们不在，偷他们的笔、橡皮擦、本子、书籍等。我知道以后，立即找朝朝谈心，给他讲许多因小失大的故事，让他反省，并痛改自己的行为。朝朝经过我的教育之后，向同学承认了错误，并退还了物品。从朝朝发生这件事之后，我深入地反思：也许朝朝从小在外捡垃圾，养成一些不良行为；也许他太喜欢同学的文具了，不知不觉地犯了错误；也许我对他的教育不够；也许我对他的关心不够。我必须耐心，细致地给他讲解做人的道理，使他明白：贫穷不可怕，但一定不可以因为贫穷而丢了尊严和志气。

又过了一段时间，马奶奶为了给小鸡、小鸭找食物，就叫朝朝到镇上的菜市场去捡一些菜叶。朝朝在捡菜叶时，"顺手牵羊"地拿了一些小贩的零钱。我从菜贩那里得知此事后，非常痛心。为了纠正朝朝的不良行为，我亲自登门拜访了马奶奶，向马奶奶讲述了此事。马奶奶知道后，表示一定要教育好孙子。我给马奶奶讲："要彻底改变朝朝的行为，就不准他捡任何垃圾。"马奶奶答应了。

虽然马奶奶一再表示不准朝朝去捡垃圾，但他们家的现状实在太寒酸了，没有钱买柴火，没有床，没有衣柜装衣裤。家里吃饭的桌子都是从垃圾堆里捡来的，要想使朝朝健康地成长，我们必须多献爱心。

自从我到朝朝家家访以后，我就和班主任赵庆元老师一起向朝朝和他的吃爸、奶奶捐衣、裤、床、箱子、家用电器等。学校领导知道我们的事迹后，给予了很大的鼓励，并发动全校加入我们的爱心行列，共向朝朝家捐衣捐物达数百件。朝朝和马奶奶收到捐物后，流着眼泪说："我们这辈子也报答不了你们的恩啊。"

朝朝在众多好心人的帮助下变化很大，小偷小摸的不良现象几乎没有了，个人卫生也有了较大改善，学习也越来越认真。每天在学校，他主动帮助班上扫地、擦玻璃、倒垃圾、浇花等。爱拯救了他的心灵，爱给了他力量，朝朝在爱的海洋里健康活泼地成长着。

四川省邛崃市固驿镇中心小学　宁守英

看到另一种美丽

2014年4月，在学校的例会上我们得知了学校即将成为郑州市融合教育试点学校的消息，那个时候我们不知道融合教育是什么样的教育，但我们仍然接下了这个挑战。

为你们而准备着

2014年6月，9名参与试读的特殊需要儿童第一次踏入了第二实验小学的大门，开启了他们人生的新阶段。孩子们在老师和家长的陪伴下适应新校园、参加升旗仪式、融入课间操活动、体验体育及音乐课，我们则边观察边做记录，我们第一次见到了孩子，第一次看到了他们与众不同的美丽。

8月的郑州，酷暑难耐，我们几位种子教师走进奇色花福利幼儿园，观摩学习幼儿园老师上课、活动及对待特殊孩子的方式。在这里，我们再次见到了他们，他们也会和普通孩子一样读书，只不过需要老师提示；他们也会排队去上厕所，只不过他们动作会慢一些；他们也会绘画，只不过更抽象一些。当我看到阿南在一步一步地很努力学习绘画时，我的脑海里浮现出一个念头——他们和我们有什么不一样呢！

头疼的问题一个接一个

9月开学，孩子们也进入到各个班级，开始了新生活。

小宝来到了我所在的班级，他的情况我并没有打算提前告诉孩子们。第一次上课，我准备了很久，预想了各种情况的发生，比如跟小宝在课堂上会有怎么样的交流之类的。可是令我没有想到的是，小宝的第一节课竟然给了全班一场嚎啕大哭，孩子们瞪大了眼睛疑惑地看着他。后来从资源教师时明老师那里了解到这次哭泣的缘由是孩子们的朗读声，一年级的孩子们不会朗读，扯着嗓子喊的声音十分刺耳，这让小宝的耳朵难受。可是不读书的话又无法完成课堂目标，这是一个矛盾的事情，我为此纠结了好一阵子。

时间久了，小宝身上的问题一个接一个地出现了。上课时，他不时地拍桌子拍手，孩子们三三两两地回头关注起了小宝，我被冷落在一旁，我跟他要求不要在课堂上发出声音，可是任我怎么说，他还是在课堂上带给大家这些意外的声音。班里的孩子发现了他们身上的这些奇怪之处，总是问我："老师，小宝为什么总是在敲桌子呀！你为什么不管管他呀？"甚至有些家长也跟我反映小宝随意拿他们孩子的东西。这让我犯难，难道我要跟家长和孩子们说小宝是自闭症儿童，要在班里搞特殊化吗？后来，我干脆对孩子们说："小宝跟你们一样，他也有不高兴的时候，你们可以跟他玩，逗他高兴啊！这样他就会表现好了啦！"孩子们得到了我的允许，一下课就争先恐后地围着小宝，问东问西，显然他们对班里这个个子高出他们一头的哥哥非常好奇。下课时一群孩子拉着他，带他去操场做游戏，即使很多时候小宝处于"被动"的状态，孩子们还是热情不减。我以为日子就此风平浪静，直到那一次！

那天周二上午，我正在办公室备课，十几个孩子突然冲到办公室告诉我，"小宝揪人头发了！"我慌忙跑出办公室，循着走廊中的哭声来到小宝身边，他一边哭，一边用双手死死揪住同学小捷的头发，陪读闫老师也握着小宝的手，想要掰开他的手，小捷在一旁歪着脑袋，紧皱眉头，表情看上去非常痛苦。大概有五分钟，在我和闫老师的言语劝说和动手解围之下，小宝慢慢地放开了小捷的头发，我赶忙让闫老师带小宝去冷静，我则留下安慰小捷。最后，我把此事告诉了双方家长，尽管宝儿爸爸再三地道歉，可我还是从小捷妈妈紧锁的眉头中看出了她的担忧。

于是，我将小宝的情况一五一十地在家长会上跟所有家长们做了交代，还播放了自己制作的"关注自闭症孩子"的PPT，我想尽可能地让家长们离小宝近一些。家长们有的目泛同情，有的则在窃窃私语。我一再恳求家长们能同情小宝的状况，理解小宝爸妈的艰难处境，支持我的工作。尽管家长们表示了担心，但还是愿意支持学校正在做的事情，配合老师的工作，这令我躁动的心总算平静了一些。

天使有话要说

小宝是个单纯的孩子，虽然他有许多问题行为，但是特别容易满足，他最喜欢吃土豆片、好多鱼等零食，我们现学现卖地用它们做强化物来鼓励小宝。只要小宝做得好，我们就给强化物。短时间的效果出来了，小宝开始配合了。时间久了，强化物的反作用也显现出来，小宝会出现频繁索要强化物的举动，得不到就会导致情绪问题的出现，严重时还会咬自己。而且，不打招呼就冲进办公室翻找零食，让我们开始头疼。为此，我们经过集体讨论，做出了减少强化物、不在他能看到的地方放零食的决定。每当小宝冲到办公室，老师们都会在门口拦住他，并问他：

"小宝，你来找？"

在我们反复的提示下，他开始了他的回答。

"来找……找苏老师！"

我们会努力把"他来办公室找吃的"这件事帮助他说出来。慢慢地，他在老师的提示下学会了"我要上厕所"、"我要听《卖报歌》"这些简单的话。后来的几个月，我们每天都在有意地训练小宝的语言沟通能力。我们也慢慢地感觉到了他的变化，想到以前的他只会动手而不会表达的情况，我们的心中充满了自豪感。

悄悄变化的校园

对我们来说，开展融合教育实践的一年是充满挑战的一年，也是整个教学团队迅速成长的一年。我们更加意识到团队合作的重要性，常常加班讨论个案处理方案，面对困难彼此安慰、互相鼓励。我们变得比以前更有耐心，更坚强，也学会了等待，学会了欣赏每个孩子的独特。无论是对小宝还是其他孩子，我都愿意多给他们一些机会，让他们可以做得更好。孩子们也从开始对小宝他们的害怕、排斥到可以包容他们的行为、安慰他们的情绪、愿意与他们成为朋友，我真切地感受到了他们的成长。其实还不止这些，仿佛整个校园的一切都在悄然发生着变化。

回头想想，当时的我们真是胆大，在郑州这片土地上开拓出融合教育的新土地，也多亏了我们当时的勇敢和坚定，我们才有机会看到这世界上另一种美丽！

郑州市管城回族区第二实验小学　苏　林

我们有什么不一样

2014年9月10日,像以往每个教师节一样,老师们收到了很多鲜花和卡片,这其中有一位毕业孩子的爸爸发来的感谢短信。他的孩子经过一年多的随班就读,现在已完全独立上学,爸爸也得以重返职场开始工作,比最初的打算提前一年多。这条短信让老师们感到非常欣慰。大家辛苦付出的一切,都是为了这个目标——回归主流,实现真正的社会融合。在幼儿园开展融合保教,不仅仅是一种教育形式,更是对每一个儿童生命的尊重。

洗脏裤子成了家常便饭

2006年,现代艺术幼儿园接收了一名被父母抛弃的重度智力落后儿童和一名伴随脑瘫、癫痫和自闭症的多重障碍儿童。自此,现代艺术走上了"融合保教"的探索之路。

探索之初的"融合"仅仅只是一种安置和接纳,没太多专业性可言,也谈不上真正的"融合"。老师们只是凭着自己的满腔热情和浓浓爱意,融化着家长,改变着孩子。田老师这辈子都不会忘了陪伴智智的四年时光,那是她带的第一个特殊需要孩子,那时她刚从学校毕业,自己也还是个大孩子。到现代艺术的第一个月,她差不多每天都穿梭于教室、楼梯和浴室之间——两岁多的智智不会说话、不会走路、不会自己大小便,每天都会弄脏裤子,洗屎尿裤子几乎成了她每天的必修课。转眼间,智智毕业了,毕业后的第一个教师节,当他捧着鲜花回来感谢老师们的时候,田老师哭了整整一天。

智智在现代艺术的四年可以说是现代艺术摸索"融合教育"模式的一个缩影,一切都很简单,园长简单的坚持、老师简单的陪伴。然而一切又那么不简单,孩子们改变了、老师们成长了,幼儿园被评为北京市"学前特殊教育示范基地"。或许，这单纯的爱、这无所顾虑的接纳、这执着的坚守，才是融合教育的真谛。

《奇妙的厕所》

特殊需要儿童常常受限于自身障碍，但他们的障碍特征却也是可以利用的资源。比如针对自闭症儿童的刻板特征和视觉学习风格进行结构化环境创设和教学就可以很好地帮助到他们。

萱萱是个叫人又疼又怜的小姑娘，长着天使一样的脸庞，却患有典型自闭症，并伴随严重的情绪问题，任何环境上的微小改变都会让她哭闹不止。经过一年的小班融合，萱萱已由原来只吃白米饭到能接受不同颜色的蔬菜，且能基本上跟随集体参与活动，哭闹明显减少，但仍有一个问题让老师和家长伤透脑筋。除了家里的马桶，萱萱接受不了任何公共场合的厕所。对厕所的无法忍受超过了尿胀产生的不适感，外出的时候她甚至会一连憋几个小时，肚子都鼓的硬梆梆了还忍着不去，这让家里人不敢长时间带她外出。为了帮萱萱克服这个问题，带她的张老师利用每节个训课的时间带她熟悉全园厕所，并在周末陪同萱萱和姥姥在附近公园熟悉厕所，此外还做了一本专属于她的书——《奇妙的厕所》。书中收集了幼儿园每个班和其他公共场合厕所的照片和不同的厕所标识符号，还为萱萱编了一段《我可以独自上厕所》的社交故事。这本书放入班级的图书角后，成了萱萱每天在区角时间都要看一看摸一摸的活动。一个月之后，萱萱接受了在幼儿园上厕所，对其他公共场所的厕所也不像之前那么抵触了。

找找我们有什么不一样

曾经一度，幼儿园的每个融合班都有几个"特殊"的普通儿童，说他们特殊，因为他们有一个共同的名字——"好朋友"。国内外研究发现指出，同伴干预是增加具有社会交往障碍儿童与普通同伴之间社会交往的一种有效方法。在北京师范大学特教系博士的支持下，幼儿园依据年龄特点在每个班级开展了同伴培训课程，帮助普通幼儿在不给其贴标签的前提下增加对自闭症儿童特征的识别及理解，增强他们帮助自闭症等社会交往障碍儿童的社交技能，如"找找我们有什么不一样"，主动示范、赞美特殊儿童的社交行为。基于此，每个融合班尤其是中大班专门挑选出两到三名具有助人特质的普通儿童，成为班级特殊儿童的"好朋友"。"好朋友"会在排队、过渡环节、区域活动、集体教学等各个环节不时提醒特殊幼儿听从集体指令、跟随班级活动，使其更快适应班级，更加自然地融入班级。经过一两年的引导培养，现如今现代艺术每个班涌现出很多这样的"好朋友"，几乎每个普通儿童都在某种程度上帮助了身边的特殊儿童。

现代艺术如今的融合教育已迈上专业化道路，向着更高的国际标准不断靠近。对于融合的探索也已经从模式摸索转向了课程和教学探究。国际国内专业团队、志愿者和家长形成了强大的支持系统，在这个支持系统的共同作用下，现代艺术融合教育这棵幼苗快速茁壮成长着，由他所培育的特殊需要孩子们也逐步从最初的接纳安置走向了真正的融合。

北京市海淀区现代艺术幼儿园研发部主任　黄晶晶

欢迎来到新世界

天空把蓝色留在了每一个孩子的眼里
他用同样的爱对着我和你微笑
即使每一个孩子都有所不同
它也不会吝啬自己的爱
在这里
你融入我，我融入你
敞开胸怀
建立起了一个新的世界
让我们在同一片蓝天下
全纳、智纳、悦纳
相近、相通、相融

康康就是这个世界里的宠儿，他来自于丁兰第二幼儿园大四班。而2015年的春天，对于他，注定是一个不寻常的春天。

从出生到现在，脑瘫的病症已经像自己的一部分一样存在着。他必须学着怎么和自己相处，怎么去协调自己和他人的关系。但是，从他那坚强又有毅力的眼神，我读到了不服输的精神。于是，我的脑海里浮现了一个想法。我问他："康康，幼儿园要排一个节目去市里比赛，需要做一些动作，还要背诵很长的话，你愿意参加吗？""我愿意，我很想参加。"康康兴奋地说。这是一个让人欣慰的回答，但是谁都知道这不管对于老师还是康康自己都是一个巨大的挑战。

接下来的日子，矛盾、挫折、失败、眼泪交织在了一起。节目中，康康要练习一个推轮胎的动作以及一系列在轮胎上的手部动作。而对于本身就不太能走稳、四肢不协调的他来说有很大困难。在那段每天都要练习的时间里，康康慢慢开始厌烦，排练时不认真，随意走动，闹脾气，笑话别人……甚至出现了这样的想法：我已经练得很好了，不用再练了。老师重新找他沟通，从心理上先让他懂得练习是一个很漫长的、坚持的过程，自己要面对自己的不足，要学会发现自己不够好的地方。接着又采用了面对镜子练习的个别化练习方法，让康康慢慢学会看着镜子去观察自己，了解自己，从而改变自己。妈妈的陪伴和引导也一直让大家动容。我们的排练常常安排在下午，而对于只读半天的康康来说，就意味着中午回去，下午还要坚持来幼儿园排练。一天两天能坚持，但是一个月、两个月的坚持却是需要强大的毅力和勇气的，可是，这位母亲做到了！

通过老师的耐心指导和妈妈的坚持陪伴，心情慢慢平和下来的康康有了许多变化。他开始学会倾听，会用眼神和老师交流，开始关注其他同伴的一举一动，会对同伴说："加油，再坚持一下就好了！"每次排练完，大家都会热情地和康康告别，这让康康的笑容越来越灿烂。

在漫长的排练以及初赛、复赛、决赛的过程中，孩子们表演的情景剧《同在蓝天下》最终走到了最后，获得了杭州市阳光宝贝创意奖的好成绩，也深深地感动和激励了在场的所有人。还记得最后一次比赛公布成绩前，康康激动的样子，他一直抱着我、拉着我问："海老师，成绩出来了吗？我们表现得好吗？"那一刻，我感受到了他心中的那种为成长付出的喜悦。当我再转头去看看那些和康康并肩的伙伴们，我发现他们脸上已经闪烁出不同的光芒。那天听圈圈说：海老师我不是排不齐，是怕碰到他，他会摔倒。再看到昨天柯语在彩排舞台上，宁愿先放弃自己的动作而去帮助康康完成他的作品。我似乎真的看懂了他们的表演，这不仅是一个节目，更是孩子们在学习认识世界、与世界和谐相处的过程。有时候，我们也在无意间重新认识了自己，认识了对方，认识了一个全新的世界。

一个孩子的突破需要家人、老师、同伴以及他自己的不懈努力和坚持。而一群孩子的突破则需要让他们去接触更广阔的世界，明白在这个世界上有无数个个体，每一个个体都是独一无二的，所以要认识、要尊重、要理解、要感恩。真正的融合不是我接纳你，让你进入我们的世界，而是你融入我，我融入你，我们一起建立一个新的世界！

杭州市丁兰第二幼儿园　海珊珊

画一片天空任你飞

在我们的日常生活中，时常听闻有残疾的宝宝一出生就被抛弃街头的消息，时常见到因为生下一个残疾宝宝而离婚的家庭，时常遇有因为残疾而不被学校和社会接纳的孩子。可是这些特殊的孩子恰恰更需要大家的帮助，他们一样有受教育的权利，有融入社会这个大集体的欲望，所以融合教育就显得尤为的重要。

他们都只是孩子

人们往往容易强调特需幼儿的特殊性，而忽视与剥夺了他们作为孩子应有的特点与权利，将特需幼儿与普通幼儿完全分割开来，因此误导了对他们的教育方向，人为地增加了他们的特殊程度。因此，只有对特需幼儿有了正确认识，我们才有可能实施有效的干预措施，才能进行融合教育。

一位唐氏综合症孩子，刚刚来到我们幼儿园时,显得是那么得格格不入,他的生活根本不能自理。他挑食，喜欢用手去抓饭，你告诉他这样做是不对的，他就冲你傻笑，依然不改变。在睡觉时，要不就是把其他孩子的衣服扔到地上，要不就在其他人睡觉时突然发出奇怪的声音，所有孩子都害怕他，不愿意跟他一起玩。虽然他是一个比较温顺的孩子，但有时候也会表现得非常霸道。对于这种情况，我们会抓住合适的机会让他体会一下不被同伴接纳的孤独和受别人"攻击"时的痛苦；有时候他也会变得有一点胆小、羞怯，这时，我们会鼓励他敢于向老师和同伴表达出自己的意愿和需求，并尽量给他提供机会，让他充分展现自己的能力，增强他与同伴交往的信心。我们还鼓励周围小朋友去接近他、关心他、爱护他，让他体验到在集体生活中的温暖和快乐，增强他参加集体活动的欲望和勇气。同时，我还通过游戏等方法，让他懂得和同伴合作的快乐，使他在集体生活中与同伴建立起平等友好的关系。

经过一年时间的努力,他在各方面都有了很大进步。现在,他学会了自己吃饭,挑食现象也没有了,虽然有时候吃饭速度很慢,但你只要对他说一句鼓励的话,他就会加快进餐的速度,吃完后还会向你摇摇他的碗,表示他已经吃完了。睡觉时他也不会到处乱跑了,会在老师的帮助下把衣服脱下来,然后自己盖上被子睡觉。他喜欢参加集体活动,喜欢和同伴一起玩耍。其实融合教育也给普通幼儿,尤其是独生子女们提供了一种经验积累和互相学习的可能性。特别是我们的这些特殊幼儿与普通幼儿的共同学习、生活、游戏,更有利于培养幼儿的社会交往能力,与此同时,我班普通幼儿的交往能力也提高不少。

家长的态度转变了

家长参与是学前融合教育能否顺利开展的重要因素,所以家长工作也成为了老师们一个非常重要的任务。因为对特需幼儿的了解很少,所以普通幼儿的家长不太容易接纳和理解特需幼儿的各种怪异表现。有时候会有一些担心,担心特需幼儿会对自己孩子的发展产生负面影响。他们通常会想:这个孩子表现出来的样子非常奇怪,我家孩子会不会向他学呢?他横冲直撞的,别撞了我的孩子!我们交了这么多钱就是为了让孩子接受最好的教育,他不应该和我们的孩子在一起。因此普通幼儿的家长对特需孩子的融合教育往往持有排斥的态度。因此,我们会利用家长开放日向家长展示早操及班级区域游戏活动,家长们看到孩子们在活动中关系非常融洽,许多孩子主动去帮助特需幼儿,他们对融合教育的态度一般都会有转变,慢慢他们也会发现和认同融合教育能培养出普通幼儿乐于助人的良好品质等优点。

老师的理念清晰了

融合教育主张有特殊需要的幼儿能真正意义上地融入普通幼儿,使他们的潜能得到最大限度的发挥。刚开始实施融合教育时,大多数教师都不明白融合教育的含义,他们会有疑惑,为什么不送特需幼儿去专门的特殊学校,培养他们掌握生活自理的能力,让他们将来更好地融入社会?但是,通过一系列的培训、学习以及研讨活动,老师们清晰地认识到了,接纳特殊幼儿入园是社会进步的重要表现。特需幼儿也有着活泼可爱的笑容,天真好动的天性,纯真无邪的话语,虽然有时候不能够很快地理解我们惯用的表达方式,不能够很快地接受我们认为很简单的知识,不能够很快地找到排解不良情绪的恰当方式，但他们也是一群可爱的天使，也应该在天空中自由翱翔。记得一位专家讲过这样一句话："特殊孩子来到人间的目的，就是考验我们普通人的人性的。"所以，我们会勇敢地接受这个考验，尽最大努力，为孩子创造一个温暖快乐的童年。

新津县兴义镇万和幼儿园执行园长　胡　蓉

春天的脚步近了

当初创办蔚蓝幼儿园开始做融合教育，是为了给我自己的孩子创造一个最利于他成长的环境，但没想到这一做就是近十年。现在，我的孩子已经要升初中了，而蔚蓝幼儿园也开办了分园，有100多个有特殊需要的孩子在这里度过了快乐的幼年时期，完成了生命初阶的成长。所以，我常常觉得自私和无私，利己和利他其实并没有那么清晰的界限，只要背后都是深深的爱。

回想过往的点滴，时常感慨万千。记得儿子三岁该上幼儿园的时候，奶奶为他找到一所市委幼儿园，托人报上了名。可就在两天后，一直怀疑儿子不太对劲的爸爸说服我们带儿子去市儿童医院检查。自此，一纸"自闭症"的判决，让我们的生活开始与众不同。接下来的两年里，与大多数自闭症孩子的家长一样，我们为了儿子的干预训练，辗转郑州、青岛两地。在这过程中，除了压力还是压力，不仅仅是经济上的压力，精神上也充满着折磨。看着各种各样行为怪异的孩子每天进行着高强度的训练，我时常想，他们要都是普通的孩子，在这个年龄段会过着怎样的生活呢？

临近训练结束，越来越多的家长渴望自己的孩子回到常态的环境中去，我也有了这样的想法，而且越来越强烈。"回去不行做个幼儿园吧，把自己的孩子放进去，也许他会更好一些。"毕竟，童年是人最美好的一段时光，不该剥夺他快乐成长的权利。没想到这一念之转就把我们推到了融合教育的道路上。

在当时的情况下，全国很少有融合幼儿园，少数程度较好的孩子即使进入了普通幼儿园，得到的帮助和支持也相当不足，大致也只能是"混"在里面。而大部分的孩子都被教育系统拒之门外，他们要么在机构里进行日复一日的干预训练,幻想着有一天能神奇地变正常然后回归主流,要么封闭在家里,任由其大闹天宫或者自生自灭。

最初的蔚蓝幼儿园只有两名有特殊需要的小朋友,其中一名就是我自己的孩子。我们那时对如何开展融合教育也不是十分了解。但老师们很用心,经过大量的专业学习和努力尝试,加上班级小朋友们之间的良性刺激和彼此影响,两名孩子的情况都有了很大的改善。到了入学的年龄,在没有辅助的情况下,他们都顺利地通过入学测评进入了普通小学,这给了我们很大的信心。

我的孩子顺利升入了小学,按理说我作为一个母亲最初的愿望已经实现了。但我知道还有更多的母亲怀着这样的渴望,因为有过相同的经历,所以我能理解她们的艰难和痛苦。既然确实地看到了融合教育的成效,为什么我们不继续下去呢?所以从 2010 年起,蔚蓝幼儿园开始按 1∶10 的比例接收各种特殊需要儿童。除了自闭症孩子外,还有发育迟缓、唐氏综合症等其他类型的孩子。算一算,从那时到今日,从蔚蓝毕业的特殊需要孩子也已经有 100 多个,融合教育给这些孩子带来了很多的成长和改变,他们呈现的状态都是放松的和自然的,这让我们感到莫大的欣慰。他们本就是孩子,应该保有孩子最本真的模样。

如今,我的孩子已经上到了小学六年级,即将成为一名中学生。他是一个幸运儿,是融合教育的受益者。现在的他,可以独立坐公交外出、看电影、游泳,也有固定的玩伴,在学校也是个听话和成绩不错的好学生。我庆幸自己当时做了创办幼儿园的决定,不然真想不出自己和儿子现在的生活会是什么光景。也感谢儿子的独特,让我有勇气迈出这一步,做成这样一件有意义的事情,使我的人生因此而丰富多彩。

融合教育正在被越来越多的人所关注,融入社会的理念已经在社会大众的心中慢慢生根发芽,国家也不断出台推动融合的各项政策。但不可否认的是,融合教育从理念倡导到具体实施,从几支独秀到遍地开花,还有很长的道路要走,还需要各地的家长和专业人士不断奔走呼吁。但我始终相信严冬的冰雪已经融化,融合教育的春天已经近了。

郑州市金水区蔚蓝幼儿园创办人　邹　平

让生命更闪亮

融合教育对幼教界的伙伴而言应该都不陌生，融合教育政策的推动，本质上是要帮助特殊的学生，让特殊学生融入主流学校，与其他学生一起成长，但要扎根落实其融合的真义与真精神，并非一蹴可几的功夫。

第一社会福利基金会为了照顾偏乡的特殊孩子，特别与企业合作"关怀偏远　行动早疗"方案，希望通过行动早疗（教保员两个星期去一次幼儿园辅导特殊个案）的介入，让在偏乡的特殊孩子能得到更好的照顾，让融合教育更臻完善，小慈就是在这个因缘际会下成为我的学生。

小慈五岁，发展迟缓，由个管员转介安置到幼儿园就读已经一年。两周一次的疗育活动中，在一对一上课时，小慈除了害羞不太说话之外，学习能力并非太差；进班观察小慈上课的表现，发现小慈与同学的互动几乎是零。询问之下才知道，小慈的生活起居皆由祖父照顾，经常不洗澡、不洗头，穿着未换洗的衣服，身上、书包里散发着浓浓的烟味及槟榔味。老师请祖父要帮小慈洗澡，一开始祖父还会洗，时间久了一样不洗。老师心疼小慈，于是一星期帮他洗一次澡，从此祖父就不再帮小慈洗澡，曾经因为幼儿园有活动没帮小慈洗澡，祖父还会问为什么没有洗澡！对于祖父的反应老师们决定将洗澡这件事交回祖父，不再帮小慈洗澡，于是小慈又回到经常没有洗澡的状况。老师几次表达想去作家庭访视，但是祖父都说不方便，因此老师对小慈的家庭状况并不清楚。

小慈身上的味道越来越重，同学开始笑他很臭，甚至不愿意跟他玩，小慈总是自己默默地看着同学在玩。为此我跟班上老师讨论，在日常生活中制造机会让小慈与同学互动：通过绘本说故事，设计合作性的游戏，但是效果不彰。对于小慈老师们很不舍，但是家人的教养态度，老师们也很困扰。

在学期结束前,幼儿园老师告诉我小慈的个管员没有募到学费,所以祖父表示下学期就不读了。我将小慈的状况在团队会议中提出讨论,决定用到宅服务的方式让小慈继续接受服务,希望藉由到宅服务的方式多了解家庭状况,给家庭多一点的支持,让小慈未来能够顺利回到融合的学习环境。

第一次到家里上课,按门铃后迟迟没人开门,电话也没人接听,最后请邻居协助开大门,上到四楼后,发现祖父、祖母及小慈都在。祖父说门铃坏了,电话没电了……小慈看见教保员来很开心,拉着教保员进屋内。课程进行时,祖父都坐在远远的阳台上抽烟,对于课程内容并没有兴趣。

课程结束时我跟祖父约定下次上课的时间,祖父说他会忘记。我在日历上将上课的日期圈起来,告诉祖父及小慈日历圈起来这天老师就会来上课,请祖父记得当天要在家,要接电话。另外告诉祖父小慈的学习能力不差,长得也很漂亮,但是因为没洗澡,脸上脏脏的,身上也有味道,这样会影响别人对他的观感,请祖父要每天帮小慈洗澡,祖父听完默不作声。

到宅服务初期,祖父对我的到来很冷淡。为了建立关系,上课时我刻意制造祖孙间的互动机会,如要小慈画一张祖父的画像,鼓励小慈说出"阿公,谢谢你,我爱你"。慢慢的,祖父不接电话的情形没有了,也不再那么严肃,上课时祖父不再坐在阳台上抽烟,而是坐在客厅看我们上课。我有时也邀请祖父和小慈一起进行活动,祖父也会提出问题说"帮小慈洗头时他经常会哭着说不要洗,以前没洗澡也是因为小慈会哭",我就告诉他洗头、洗澡要注意的事情,下次再上课时祖父很开心地说:"昨天帮小慈洗头他没哭喔……"祖父也开始会问有关小慈的学习状况,看见小慈会拿笔画线、数数、读故事书,祖父瞇着眼很开心地说:"小慈其实并不笨!"

到宅疗育持续半年后,祖父的态度改变了,从原本的不开门,到每次都在家等候,有时约好上课的时间刚好有事情,也会主动联络更改上课的日期;从不在意小慈的学习,到关心课程的进行;从不愿意回答到主动分享家里发生的一些事情。每次教保员到家里,小慈都会先说"我昨天有洗澡喔",当课程结束时,小慈总是问"老师,你什么时候再来",然后要我将日历日期圈起来。

在社工的奔走下小慈再次进入国小附设幼儿园的融合班就读,新老师是位很有经验的老师,在与老师作转衔后又观察了两次小慈在班上的状况,发现小慈在新环境中适应得很好，同学的接纳度很高，小慈从一开始怯生生到已慢慢熟悉，我的辅导工作正式告一段落。

融合教育最终目的是希望特殊孩子能够在一般的教育环境中学习成长，在幼儿园中常听到幼教老师表示，对于幼儿园里的特殊孩子，在跟家长讨论时最难改变的是家长的观念。辅导小慈从融合环境回到家中又回到融合环境，这特殊的经验让我有深刻体会，融合教育绝不是单纯的将特殊孩子放在普通班级中，弱势的家庭更要从家庭支持做起。这需要幼教老师、特教人员、治疗师、社工等专业团队的密切合作，从关怀的角度通过亲师互动建立关系，给予家人支持并协助解决家庭问题，才能让幼儿、家长、教师、社会大众，都得到更正向的支持，特殊孩子才能循序渐进地成长进步。让这些特殊孩子的生命更加闪亮，这才是融合教育真正的意义。

台湾财团法人第一社会福利基金会
中和发展中心主任　邱锦艳

图文故事

▼ 工作好快乐

▶ 我是小安，今年18岁啦。以前我是奇色花青年互助中心的学员，现在我工作了，在奇色花福利幼儿园苹果A班当生活老师助理

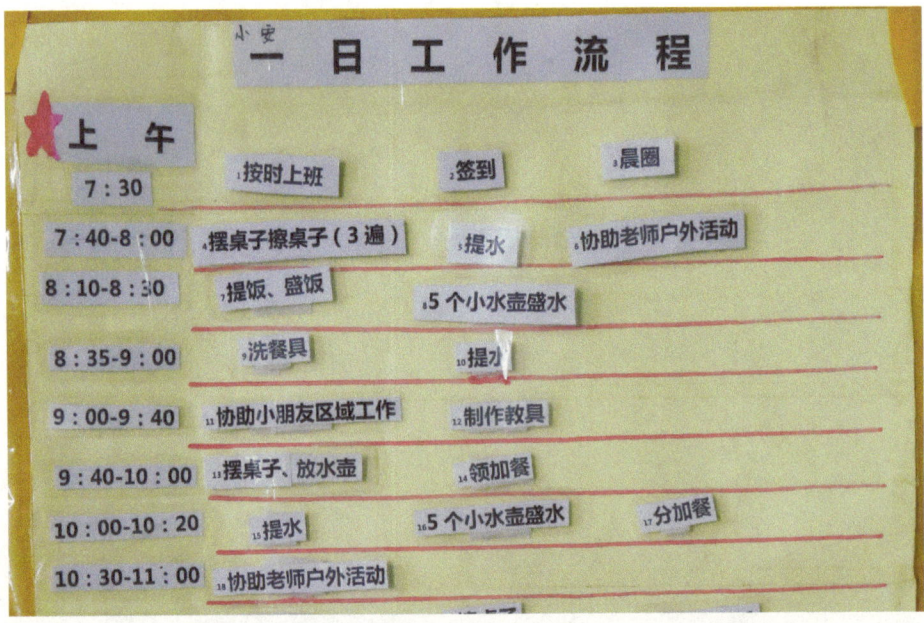

▶ 这是老师们特意帮我制作的工作流程表，我每天有许多工作要做

▶ 比如，帮老师领加餐

▶ 把热水桶加满

▶ 为小朋友盛饭

▶ 还有洗碗

▶ 我喜欢用第二个洗碗池,老师们总会把那个位置留给我

▶ 有时候,我也给老师当助教。"小明,上课要坐好,不可以说话。"

▶ 还会制作班级奖品——苹果小徽章，我的针线活很不错

▶ 户外活动时间是我最放松的时光

▶ 很多时候,我还是孩子们的保护神

▶ 你问我喜欢工作吗?看我的笑容就知道了!

摄影/文字　奇色花福利幼儿园　张　芳

第 6 幕

—一起爱吧—

▼ 我乐观地坚信,融合教育的实施和推广,将会有效促进中国教育体制的改革和完善。所以,当我们提倡融合教育时,请不要仅仅认为我们是在为特殊孩子呼吁,我们呼吁和唤醒的是让中国的教育回归本真……

回归教育的本真

我们一直在强调教育的重要性,但却很少深刻地思考教育的根本意义是什么。法国著名的心理学家及社会学家勒庞在其颇有影响力的著作《乌合之众》中对当时法国教育的评述是这样的:"我们的教育制度建立在一个错误的心理学基础上,这种基础认为,智力是通过一心学好教科书来提高的,只要一个人的成绩足够好,那么他的智力就会稳步提高。所以人们便尽可能强化学习手册中的知识,从小学到大学,一个年轻人只能死记硬背书本,他的独立思考能力和个人意识从来派不上用场,受教育对他来说就是背书和服从。"于是,他认为"这样心理预设的教育既不会使人变得更道德,也不会使他更幸福,它既不能改变他的本能,也不能改变他天生的热情。"勒庞的观点,颇让人失望,但是更让人失望的是,一百多年后的今天,这样的教育逻辑在很多国家依然是主流。

回归教育本质的意义所在,我理解它是让每个人学会生存技能,发现和实现自我,有尊严地生活。换句话说,教育的目的是让每个人不断地获得体验,在体验中增加我们的知识、技能,这个过程中教育发挥辅助的作用是让我们体会我是谁,我需要什么,我可以做什么来实现我的追求和需要。促进这一目标实现的基础是教育过程中能够营造对每一个个体都包容接纳的环境。那么什么是包容与接纳,在我看来它就是在平等参与过程中,人与人之间建立的互相尊重的关系。包容及接纳绝对不是无原则的认同和纵容任何一个利益方而给其他人带来不利的影响。

当我们说社会文明,它指的是人类的社会文明,文明的推动和进步依赖于人类自身的完善,因此,教育的作用至关重要。但如果这个过程存在排斥和歧视,那么文明的实现也需要付出更多代价。相对于家庭教育,从幼儿园开始的机构式的教育已经进入一个社会化的教育过程。机构教育除了提供更丰富的教育资源和信息外，更重要的是提供一个社会化互动的平台，这个平台最基本的元素是教师与学生，但它其实是一个多维且可延伸的空间，发生冲突与合作的是利益相关方，包括：教师与学生、学生与学生、机构管理者与教师、学校与家庭等。因此，如果我们的教育机构运行机制是简单粗暴的、统一化的、格式化的且有选择的，它不仅违背了教育的使命，也对社会文明的发展构成了威胁。

融合教育维护的是每一个人与生俱来的接受教育的权利，它提倡通过个别化的教育支持实现人人平等获得受教育的机会。任何一个个体都具备不同的能力和素质，没有高低只是差异，社会发展就是由千差万别具备不同技能、知识和才干的劳动者来完成的。任何一个社会环境中，我们都会面对具有不同特性、不同能力和不同品质的人，以尊重为前提建立彼此的沟通、互动与合作，是每一个人要一直学习的生存技能。因此，我从不认为融合教育仅仅是为特殊人士提供支持、服务于特殊人士的一种教育形式，它是一个以人为本，尊重每个个体，受益人的，回归教育本真的教育方式。这对国家、社会和家庭都至关重要。

融合与我何干？融合真的对每一个人那么重要吗？它重要，因为它为每一个人提供了安全感和自信的基础。一个融合的环境，代表着彼此的理解、尊重，只要你不侵犯他人，你可以选择你的生活方式。没有人因为你的家庭出身、性别、种族（民族）或是否有残障可以影响乃至决定你应该用什么方式、在什么样的环境中生活。所以说，一个融合的社会是人人渴求的，但它又取决于每个人的态度——不能排斥和歧视他人。那么我们的教育体验会深刻地影响我们对待他人的态度和方式。相对隔离式的特殊教育，融合教育为不同的孩子提供了共融的环境和尊重个体发展的支持计划。融合教育的有效实施在于为利益相关方提供了一个彼此合作、共同成长和不断完善的教育体验。课程设置、支持方法、支持资源以及检验的方法都不是一成不变的，而是灵活的、参与的、合作的。融合教育需要投入，特别是对人的投入，不仅仅是投入于接受教育的学生，也包括对提供教育支持的老师，协助他们具备专业能力适应并提供可调整的教育方案给不同需求的孩子。我乐观地坚信，真正的融合教育的实施和推广，将会有效促进中国教育体制的改革和完善。所以，当我们提倡融合教育时，请不要仅仅认为我们是在为特殊孩子呼吁，我们呼吁和唤醒的是让中国的教育更系统地回归教育的本真。

北京融爱融乐心智障碍者支持中心总干事　　李　红

残障——不过如此

维多利亚公园小学位于英格兰伯明翰斯梅斯维克区,斯梅斯维克是一个多种族聚集区。几十年来,来自亚洲、中东、北非和东欧的新移民,和世界其他各地的难民以及当地白人之间时有冲突,种族主义盛行,治安状况堪忧。虽然近些年当地的紧张形势有所改善,但当地政府、医院和学校等公共部门仍然经常收到恐怖袭击威胁。

本世纪初的维多利亚公园小学好像是斯梅斯维克地区的翻版,教学质量差,学生行为问题严重,亲师关系紧张。2006年,英国教育、儿童服务和技能标准办公室(OFSTED)把这所小学的综合表现评为"不合格"。然而,十年之后的今天,维多利亚公园小学在OFSTED的全国学校评估榜上名列前茅。

几个月之前,我有幸与英华残障人教育基金会的郝曦先生一同拜访维多利亚公园小学。莫里斯是维多利亚公园小学的校长,他告诉我们,目前学校有499名学生,来自不同的国家和地区。许多儿童尚未掌握英语,他们为学校带来了40多种语言,说英语的孩子是这里的"少数派"。我们不禁惊讶于学校所包容的文化和语言之多元,但同时也为学校的教学工作担忧,无法想象老师如何向这样一群背景丰富多样的儿童传授知识。

在校园的走廊和围墙上我们找到了一些线索。维多利亚公园小学的每一面墙都贴满了各式各样的英文短语以及不同颜色的帽子。蓝色的帽子搭配的短语是 CAF(Consider All Factors),"将所有要素考虑在内"。红色的帽子与短语 FIP(First Important Priorities)相配,意思是"首要因素"。黑色的帽子搭配 Perseverance,"毅力"。类似的图案和短语搭配还有很多,时不时的在校园的某处再现。原来这样的图形、符号和词语是为小学生准备的思维导图,帮助每个儿童了解人类认知的一般过程,掌握思维方法。这里的每个小朋友,无论他们当前的英文能力如何,都大致掌握了这些图案和短语的含义和作用。他们想象自己带上不同颜色的帽子,逐渐学会从不同方向入手解决问题。更有趣的是,在众多思维导图中有一个陷阱的图案,搭配的单词是 Stuck,"卡住了"。在陷阱的图案下方有一个箭头,指向一座位于校园角落的小木屋。原来,陷阱图案提示大家,每个人的思考和学习都可能落入某个陷阱,被卡在那里一段时间。如果这种情况发生了,每个人都应当享受这个被卡住的过程而不是绕开陷阱。每当一个小朋友认为自己被卡住了,她/他就会坐进小木屋潜心思索。孩子们在小木屋里带上不同的帽子,适用不同的思维工具。小木屋的墙上和门上写着:"落入思维的陷阱让我们想得更深入","我为有机会在这里思考而自豪"。

简洁、有趣的思维导图配合上富有仪式感的反思场景设置,只是这所学校众多创新的一小部分。维多利亚公园小学的课程完全不依赖教科书,莫里斯校长把他们的课程叫做"建立在挑战上的课程"(Challenge-based Learning)。整个课程有 26 个"挑战包"。从一年级到六年级,每个孩子会打开适合自己当前能力的挑战包,去完成里面的挑战。每包的挑战都不一样,但拥有共同的主题。主题可能包括:"阅读一篇经典文章","学会一样新技能","为维多利亚公园小学的社会企业做出贡献"等。无论在哪个主题下,只有小朋友制作出一个公共产品,他/她才算过关。这个公共产品必须满足学校所在社区的某个需求。例如,孩子们读过某本畅销书的一个章节,他们需要根据读到的内容创作一段舞蹈、一首歌曲,或者制作一本台历。无论是什么产品,生产者必须确保它具有公共价值,并且要用不同方式把自己的产品向公众呈现。

维多利亚公园小学有一家校办社会企业,拜洛特街香料工厂(Ballot Street Spice)。这里的香料从配方、生产到设计、销售都由孩子们完成。他们向自己的祖母征询各自故乡的调料配方,用配方生产出来自世界各地的香料。学校定期举办香料节,孩子们选出自己的香料大使,负责香料的推广和香料文化传播。孩子们不但出售他们制作的香料,还向社区居民介绍与香料有关的健康常识。为了更生动形象地展示香料文化、纪念香料的原产地以及每个孩子的故乡,他们还用不同的方式绘制了维多利亚公园小学的香料地图。

公共产品不仅面向校外，校内活动也是丰富多彩的，毕竟校园本身就是一个完整的小社会。就拿学生们的政治生活举例，一些小学生组建自己的政治党派，其他同学通过投票选出这一届的"执政党"。"执政党"负责开展一系列活动，包括出版自己的报纸，监督校园行为等。此外，执政党还将组建自己的课程评价团队。他们到不同的班级听课、观察、访问，最后形成自己的课程质量评估报告。

莫里斯校长曾经是一位幽默并且极负活力和想象力的教师，他也是维多利亚公园小学改革的主导者，这里一切有趣事物的背后都是他的教育哲学。

莫里斯校长是这样解读维多利亚公园小学的教育模式的：

"我们中的很多人不想把课程跟挑战扯上关系，他们认为挑战是生活中的事儿，教室里需要学的是知识。实际上，我们希望下一代掌握的技能恰恰就是应对挑战的技能。毅力、决断、创造力、合作、担当还有企业家精神，这些都是孩子们需要的。我们的课程就是要帮助儿童发展这些素质。每个人每年都认领一个属于她/他的"挑战包"。通过完成这些挑战，他们会懂得如何赢得机会，为社会做出一些事情，为这个世界提供一个公共产品，最终带来积极的改变。同时我们也强调他们要面向自己的社区，无论做什么，要把自己在之上生活的土地和社区考虑在内。

或许你感兴趣我们是怎样看待政府设置的课程标准。我们当然尊重课程标准。通过我们自己设计的课程，学生完全可以达到课程标准的要求。这是一个挑战，但我们能够应付。"

是的，维多利亚公园小学是一个很不错的学校。然而，这一切与残障儿童有什么关系呢？

维多利亚公园小学共有41个轻、中、重度残障儿童，在不同程度的支持下，他们完全融入了这个环境。他们同样使用思维导图。视障儿童看不到图画里的帽子，但是他们有一沓真材实料的帽子。在这里，好动的障碍儿童并不显得特殊，因为大家都在动中学。当然，这里也有资源教师和助教，有不同用途的资源教室。只不过，这里的教师较少处理棘手的纪律问题。在这里，诚实、尊重是老师言传身教的金科玉律，然而除此之外，小朋友并没有背上琐碎的行为规范。每个小朋友每一天都有机会拥有一段"离群"

的时间，在小木屋里思考，或者到资源教室接受一对一的服务。在基于挑战的课程里，课程进度从来不是一个大问题。大家都明白，无论何时何地，每个人都在面对自己的挑战。

"在维多利亚公园小学，相比身体和心智的差异，语言的差异和社会背景造成的行为问题才是更大的挑战"，莫里斯校长这样说，"我们的学校最不缺乏的就是多样性——语言、肤色、生活习惯、成长经历、文化和社会背景的差异让这里的每个人对于人与人的不同习以为常。在这样的环境中，残障自然地脱下了神秘的外衣，成为众多差异中的一种。残障和语言一样，既给人类带来障碍，也带来认同和理解。我们每时每刻都在学习如何更多地从多样性中汲取养分，丰富每个人的内心。我们的孩子能为自己的与众不同而骄傲，也为他人的与众不同会心微笑。"

英华残障人教育基金会研究员　倪　震

在路上

我在 10 岁时因药物性青光眼，导致视神经萎缩，视力在短时间内迅速下降到不足 0.1。大概是什么概念呢，戴上眼镜没啥用，趴到书上能看清书本上的字。按现行的标准，不说是一级盲，至少也是个二级盲。但当时我们全家人都不知道，原来我已经划归了"残疾人"。

起初，家人自然是带着我四处求医问药，从号称失明数十年的人都治好的日本归国博士，到深山老林里隐世不出却名传千里、吹口仙气就能残灯复明的老神仙。他们各种摇头，各种无效，各种"这辈子就没希望了"的断言。我们慢慢绝望，放弃。彼时，家人的内心充满绝望，他们只当我这辈子已然是完蛋大吉。接下来要考虑的问题，自然是他们过世后，我要如何孤苦无依、穷困潦倒地了却残生。是的，十来岁的"小盆友"，家人带着对我的爱，和对盲的绝望，开始为我计议深远。

说实话，我当时就一十来岁的小屁孩，除了知道学习，鲜有独立思考，对于"盲"这件事情的信息来源也仅限于媒体报导与口口相传的可怕，心里确实难以接受，但更多的是不愿意去想。那么逃避的办法就是，强烈地要求我要上学。对于"盲"只有绝望认知的家人，思来想去，也无他法，决定托托关系，把我先送进学校混着。就算是养老问题，那也还有好几十年，关在家里也不是个事儿，至少当时得有个事打发时间吧！

岂料，走进初中校门的我，第一次月考，就大放异彩，不小心考了个全年级第一。一下子，我就成为了全校关注的焦点。从那时起，"身残志坚"就成为了我在被人提起时，形影不离的小伙伴。

刚开始，我确实洋洋自得，大会小会，接受各种与我有关无关的表彰，譬如三好学生，四敬好少年，自强不息标兵；也不管眼睛发不发炎，开会肯定要发言。分享一下我作为一个坐到讲台上都看不清黑板、按理说就应该是啥也不能的人,是如何地热爱着学习,是怎样地克服着困难。

每当老师在各种场合向同学们说"人家蔡聪眼睛都这样了,学习还能这么好,你们有什么理由不好好学习"时,我都会故作羞涩地低下头去,心中却是一阵又一阵的小激动。至于不用上体育课、不用打扫教室卫生,这是特权,是可以拿来炫耀的特权。

一年又一年,渐渐我开始对汹涌而来的表彰与夸赞麻木、惶惑。眼睛看不清,未来不光明,被掩藏起来的问题再度浮现。当老师们再拿我看不见都能学得这么好来教育其他同学时,我仍然会深深地埋着头,但这时,心里只有抗拒与无助。

有时候我也想和同学们一起上体育课,跑步、踢球,接受女同学们的欢呼与鼓舞;我也想加入大家做卫生时的嬉笑打闹,而不是傻傻地站在走廊上无所事事。我想告诉大家,我看不看得见,与学习好不好,没有什么关系。

但所有人的答案都是,No!所有人的脸上,永远都是对我洋溢着温暖。

"你看不见,怎么能跑步呢?万一跌倒了怎么办?"

"你看不见,怎么踢球?"

"你看不见,哪扫得干净?"

"你看不见,还是别弄了,我们这是照顾你。"

"喂,我今天和我男朋友又吵架啦,陪我聊一聊!"

……

我的脑袋里,仿佛有无数个人在说:"你看不见,你看不见,你看不见……你能做什么,你能做什么,你能做什么……"

我开始变得暴躁,在老妈没有及时赶回来给我做一顿饭时;在亲友们围坐数桌打着麻将我却只能呆坐一边时;在放学后校门口汹涌的自行车流中……我什么都想要,我又什么都讨厌,我怨恨我的看不见,我怨恨我的什么都不能!

直到有一天,我因考试成绩非常糟糕,被班主任叫到了办公室。

"你最近怎么搞的,怎么成绩下降了这么多?"

班主任的语气很严肃,很认真。我相信,在那一刻,她绝对没有想到我看不见,理所当然地应该考不好。我低着头,瞬间热泪盈眶。

她觉得我应该能做到,她觉得我应该能做好。也许这是我之前的表现给她的印象,但至少,她没有先帮我找好借口与理由。

在无数个 No 与班主任的这一个 Why 之后,我开始琢磨,我应该如何获得我所要的。尽管当时还没建立起指导思想与理论体系。

小伙伴们想踢球啦，那我就凑上去，我掏钱买球，你们是不是不好意思不带我？随便把我算在哪队里，不计入人数成不成？多个人，当肉盾也好，对吧！

小伙伴们想出去玩，可又怕家长盯着，没关系，来我家，我学习好，全校都知道，来来来，说是上我家学习来啦，我给你们做伪证，那玩啥子总得带上我吧，溜冰打台球玩扑克打电玩玩赛车模型看 VCD 唱 KTV。

只要能带上我，就有机会让大家了解我，也能在了解之后，大家一起坐下来研究如何让我也能参与进来。

比如在足球上套个袋，比如在踢球时大家多喊一喊，比如买来数字比较大的扑克，比如边看碟边给我讲解……

直到后来，我的视力再次下降，降到了 0.01，这回连书都看不了了。好在那时候我已经混过了中考，尽管因为视力原因，理综考试的答题卡没能填上，但仍旧混入了一个不错的高中。

在那里，我仍旧用着这些套路，和同学们打成一片，他们愿意帮我念课文，念作业，因为他们只需要动动嘴，答案等着我就成。他们也喜欢为我读书，反正我掏钱买，谁喜欢看哪一类，我都了如指掌。而也是因为我成绩好，老师也愿意在考试的时候为我读题。

当很多年后，有人不无赞叹地询问我当年是如何学习的时候，我都是这样解释：

"在我个人看来，重要的事情不是看黑板、记笔记，而是如何能够全神贯注地跟上老师的节奏。而最有效的方式，恰恰是跟着老师的语言走。而当你能够给予老师良好的回馈的时候，老师也会逐渐改变教学的方法，将所有的信息，都用语言的方式表达出来。而老师在这个过程中，其实也收获了教学水平的提升……"

这是我的故事，其实也是我在工作的过程中，补全的一个倡导案例。因为记忆偏差与自我暗示的可能，我其实搞不太清楚究竟这些细节是否是事实。

我会使用这个故事的片断，去和残障者谈我们的积极行动，去和家长聊对孩子的不接纳是一种多大的伤害，和老师说其实残障孩子教起来没那么难，和同学们，只要玩到一起，就好了。最后的一切，我们会指向对于残障的各种误解、恐惧，导致了我们的被隔离。因为隔离，加深了不了解，从而让人更加恐慌。

但起初，我一直没有能够跳出现有的教育体制的框架，这些片断的使用，仍旧建立在一个精英式的教育体制之下，我取得了所谓的大家认同的成功。可有一次，当给一群残障小伙伴作培训，听到他们说到，我们只是手脚不灵便，又不是脑袋有问题，为什么不让我们上普通学校时，我猛然惊觉，原来，我们关于融合，关于教育，关于成功，关于人的尊严与价值，思考得其实还是很浅，而歧视，却一直埋藏在我们的脑海里，隐藏得很深。

尤其当我最近成为了一个父亲，更是感触颇深。

守候在产科的日子里，我看到很多父亲母亲，在那里抱着自家的孩子，成天哭闹的，他们会欣喜地说，这孩子将来肯定机灵；不哭不闹的，他们会炫耀地讲，这孩子将来肯定乖巧。然而遗憾的是，很多年后，机灵变成了调皮，乖巧变成了木讷。曾经的"只要孩子幸福就好"，变成了各种形式的否定。

然后，我们的孩子，继续着我们曾经做过的事情。

然后，就没有了然后。

有时候，并非是我们不明白这其中的道理，只是我们将希望寄托于所谓的别人，将困难归咎于外部的一切，这样在现实面前，我们可以心安理得些。

所以，当我得知《同学，你好》这本书的出版计划，并收到约稿邀请时，我十分激动。

在这里，我们读到、看到、感受到的，是一个个平凡但鲜活的、行动者的故事。它们并不标榜伟大，他们，也无需我们去称道与赞叹。

在这里，我们不再去讨论、评述、思考什么是融合，什么是教育。如果我们真的想抒发些什么，可以做的事情是，大家一起，在路上。

最后，送上这首美国诗人玛雅·安吉鲁的诗歌，她是一位女性，她是一位黑人，她更是芸芸众生中的一员。

人是不是需要解放自己？

人是不是需要解放别人？

人能不能够不解放别人只解放自己？

人能不能够不解放自己只解放别人？

《有人》杂志主编　蔡　聪
北京一加一残障人文化发展中心

呼唤融合教育的春天

融合教育是一个非常重要的话题，不仅仅关乎有特殊需要的学生，更对所有学生都产生影响，乃至将影响中国整个教育体制。

我是一位心智障碍者的母亲，儿子1990年出生，在他8个月的时候被诊断出智力发育落后，跑遍京城各大专门医院，除了疑似自闭症之外没有确切诊断。因为想着他的未来一定是要在社会上生存，我们全家穷尽所能将他送到普通学校。得益于当时的随班就读政策，加上全家人齐心合力的付出，他幸运地在普通幼儿园、小学和初中度过了学习生涯。真正改变命运的是他15岁的时候，全家因工作关系搬到美国马里兰州蒙特马利郡生活，在那里生活了5年。他5年的高中经历，让我作为特殊需要学生的母亲，有机会细品两国教育之差别，在回国后这5年创办融爱融乐的经历中，接受了国内外专家、学者、优秀的专业人士及家长的指导，特别经过联合国残疾人国际公约的培训，也慢慢悟出中美两国在教育理念的差距，导致教育环境和结果的不同，家长应怎样努力才能促进国内融合教育系统的形成，改变整个群体的教育现状。

一、国内全凭一己之力走过求学路

在国内，我的孩子到了入学年龄，家庭个人费尽周折，找学校、找关系进入了普通小学。他在国内学校的每一天，可以说家长是提心吊胆、战战兢兢，即使过了入学关，孩子每天顺利完成日常学习生活也全靠家人自己努力维系。我们每个周末要拜访班主任，上学期间，每日与老师用联系本交流，孩子的姥姥在接送孩子的时候与老师、同学交流，了解孩子在班级的情况，并当选为校家长委员会委员，积极加强与学校、师生的沟通。学校当时没有做好接收特殊需要学生的准备，没有特教助理，家长不能进入到学校陪伴，任课老师也没有经过特殊教育训练。好在小学生比较单纯，经过与经验丰富的班主任长期沟通，班主任对孩子的接纳度提升，在班级中逐渐形成了爱护、帮助特殊需要同学的氛围。在普通小学，班主任的作用甚为关键。后来我在融爱融乐组织的许家成教授培训里学到，我们全家当时做的叫做建立自然支持，以家长为核心，在班主任、同班同学之间为我的孩子建立一个友善的支持环境。国内的家长为什么累和苦、感觉压力大？就是因为从孩子出生就没有得到专业支持。

二、美国法律保障，特殊学生接受高质量教育顺理成章

在美国，法律明确规定所有适龄学生都可免费进入家庭住址所在地的公立学校读书。我们初到美国，给教育部门打了电话，说明我的孩子属于特殊需要学生，剩下的事就等通知，入学事宜全部由教育部门安排。入学前蒙郡教育部门组织了一次由教育局官员、多位专家、学生本人和家长参加的评估，目的是为这个学生找到最合适的学习场所并制定他个人的IEP（个人教育计划）。评估用了一整天时间，有教育、言语、心理专家分别对学生进行系统评估。这个评估我们国内必须要学习和借鉴的是：1.由教育局负责实施；2.整个评估对家庭是免费的；3.是一个多学科的全面评估，必须有学生和家长参加；4.评估的结果与后面的教育紧密相连。之前我孩子在国内的随班就读与美国真正的融合教育区别在此产生巨大不同。随班就读就是将特殊需要学生送到教室，没有评估，没有支持，任其自然发展。而这次专业系统的评估，不但解决了我们上学的具体问题，更重要的是让15年来对孩子情况处于迷茫不知所措的家长了解到了孩子的真正状况和各类发育水平，从而也能了解到今后如何配合学校教育在家对他实施帮助和教育。孩子之后在学校的所有支持都是根据第一次的评估来做的。每个学年定期对他的IEP进行修订更新。如果没有评估就没有个性化的支持服务，孩子在学校里就很难取得有效的进步。在我看来，评估与IEP，普通学校里的专业支持队伍是融合教育的关键。美国教育水平之高、服务之好还可以从另一个侧面表现出来。由于我们来自中国，所以评估当天的专家中有两位会说汉语。之后每年孩子个人IEP会上，校方都提供中文翻译。这些服务背后有客户服务理念，让在国内为孩子上学百般求人的我第一次有了上帝的感觉。在这种理念的指导下，有一整套融合教育体系——法律和资金的保障、教育局、普校校长、学校管理人员、教学人员（包括言语矫正师、心理咨询师、康复师、就业辅导教师、特教助理等），如果系统完整的话，每天的校园生活，包括各种社团活动，课堂和课间活动的细节都能体现融合教育的效果。我们个人体会是，我孩子所在高中的社团同伴所给予他的帮助，他们项目设计中的每周五的社区访问学习课程，超过他每天上课学习所获得的书本中的知识。从家长的角度看，没有决定学校之前，教育局负责特殊需要学生的部门协调专家组织评估，然后选定学校。定好学校后，教育局、学校相关人员与学生及家长召开第二次会议，确定入学时间、安排校车接送、制定IEP等具体事宜。

三、融合教育环境下的成长

进入美国高中后的每一天都见证着孩子的成长。从第一个星期陪着他乘坐公共汽车，到后来他自己坐校车上学放学。美国高中里没有固定教室，每个高中生都把自己的背包和用品放在走廊里的柜子中。他必须学会管理自己的物品，每天开柜子，放学后锁好柜门。在这个拥有1800名高中生的学校里，他从第一天一句英文不会说，到一个月后，我再去学校跟随他上了一天课，他课间穿梭在不同教室，表现自如，令我对他和学校教育钦佩不已。根据他的IEP，他每天有两到三节课是与非障碍学生同上课，如体育课（自己独立上课，没有其他人陪伴），英语课（有特教助理）。其他四节课都与特殊需要学生共同上课。学校将中午食堂用餐时间也算到了融合教育的一部分。随着他在高中年级的升高，他的IEP里又增加了工作课。工作课延续到了高中毕业，他在高中所从事过的工作也多种多样，如在食堂里做披萨，多媒体室搞卫生，医务室发卡片，分发信件，回收废品等。整个高中阶段，除了学业程度与同年级同学完成的不一样以外，学校其他一切活动都对这些特殊需要同学一视同仁。如高中舞会，高中橄榄球赛，年度合唱演出，各种节庆狂欢活动，毕业典礼，毕业舞会，所有学校里的大型正规活动，都能看见我儿子和他的特殊需要同学身影活跃其中。结论：普通学校里的课外活动对于特殊需要学生和教室内的学习同样重要。

一个真实的小故事，说明他在美国所接受的教育是多么有效。回国后第二年，有一天晚饭时间，我们居住的塔楼突然着火。当时家里有我父母、我和儿子。父母年龄已经超过80岁，一位还是轮椅使用者。当警察挨家挨户敲开门让我们撤离时，我在匆忙之中第一反应是进卫生间准备湿毛巾，当我返回客厅时不见了儿子，家住11层高楼，电梯已经停运，两位老人在等我决定，他们也不知道孩子的去向，我特别焦急地满屋寻找，以为他害怕躲到哪个角落里了，直到一个警察说他已经从楼梯跑下去了，我只好将坐轮椅的老爸交给警察,自己扶着老妈从楼梯往下走,当我们在浓烟中终于走出楼门时发现儿子站在楼外撤出的人群中,那个时刻,我无比感谢他在美国高中时每月定期开展的防火演习。在生死时刻,他在高中接受的训练让他迅速地第一时间选择了最正确的逃生方式(缺点是没有告诉着急的妈妈)。

四、家长作用

在美国的 5 年,我定期收到通知,是一个由家长组织的活动叫融合沙龙。每期会有不同的专家讲解有关融合教育的专题,也会有家长分享自己对于融合教育的理解和实践。在我看来堪称完美的融合教育体制,在美国家长眼里仍然存在许多缺失。他们会在各种场合提出增加融合教育的经费,以各种形式对学校、政策制定者提出自己的建议。在我儿子所在的高中,第一年和第二年学校的投入、师资的配比、课程安排都大大改善。这些源于前一学年家长对学校提出的意见。

美国相对完善的融合教育体制发展至今,是许多残障勇士、家长、社会团体、政治家在法律层面推动的结果。20 世纪早期美国的民权运动,启发激励了残障群体的觉醒。他们前赴后继,百折不挠,通力合作,从国家立法层面让世人目睹了《康复法案》(Rehabilitation Act)第 504 节于 1970 年代得到实施,《残疾人教育法》(Individuals with Disabilities Education Act)正式颁行,以及《美国残疾人法》(Americans with Disabilities Act)于 1990 年获得通过[1]。

家长最可以有作为的地方是在法律法规的制定和影响资金配置方面。国内在公布有关教育条例征求意见稿时,参与提交意见的特殊需要学生家长数量和质量影响政策决策者最终制定出台的方向。融合教育改变已有传统观念和模式,必须有足够的资金作保障。以广州家长为例,家长和家长组织的有效推动,让广州市教育局率先出台方案实施对普校内特殊需要学生增加特教助理等措施。继广州之后,郑州家长组织在当地从事多年融合学前教育机构奇色花的支持下,联合各种力量,在推进河南省融合教育发展进程中发挥了关键作用。成立于 2014 年的全国首个心智障碍者家长组织联会以推动融合教育为该组织头三年的发展目标。借鉴广州、郑州等地家长组织推动融合教育的成功案例,我们应该在更多地区和城市,激发家长组织活力,配合相关教育部门,落实已经出台的政策法规,让更多的特殊需要学生在普通学校内接受有支持、有质量的教育。家长群体由于自身与孩子血脉相承的关系，对融合教育的渴望和期待及由此迸发出的不可替代的力量必将是中国推动融合教育系统建立的关键。家长的整体觉醒将会加快这个庞大、复杂、专业的系统建立，反之，如果我们等待、观望，没有行动，也会延迟这个历史进程。

美国生活让我有了一番奇特的经历，因为我的孩子属于那种不太会使用语言表达的心智障碍人士，国内朋友大多是先认识我和孩子爸爸，进而和他成为朋友。而在美国，朋友先认识他，再认识我们，他的朋友多于父母，如高中社团里的同学、志愿者、邻居等。我回国后做的就是努力将那段神奇的经历复制到国内。融爱融乐成立5年，从最初优秀无私的家长们倾力付出到如今专业的全职优秀团队负责日常运营，率先为几百名心智障碍者免费提供平等有尊严的融合体育休闲活动，周末定期与志愿者共同参加室内体育游戏和户外徒步；连续三年，经过选拔赛获得参赛资格的心智障碍者和他们的家庭成功地踏上茫茫西北大漠，与商学院精英们并肩挑战浩瀚无边、沉睡千年的戈壁；他们在国内许多大型马拉松赛事展示的英姿也不断地颠覆人们的固有观念；融爱融乐的就业辅导员已经成功支持了9名心智障碍者在普通企业中成为合格的员工。融爱融乐今天的影响力跨越和延续了家长个体创立之初的朴素情怀，在推动社会进步的滚滚大潮中以公益组织的形式发挥着家长团体独特的权利倡导作用。但是，放眼望去，无论是自己的小家还是茫茫中华大地，许多心智障碍者和他们的家庭仍然被无数忧愁困扰，融合教育系统化、制度化征途漫漫。一个组织能解决的问题能影响的人群有限，中国需要无数的家长组织站出来为建立一个完善专业的系统呼吁发声。希望未来在中国，人们承认心智障碍者本身的价值，给予他友谊和支持，只是因为他是一个独立的个体，无关父母家庭、贫富与否、障碍程度如何。到了那一天，社会要具备许多先进理念和政策。特殊需要人士真正独立自主地生活背后需要有一个完善的专业支持体系，更具体地说是一支非常庞大的专业队伍，包括学者、研究人员、一线社工、特教老师、就业辅导员、生活辅导员、助理、心理治疗师、物理康复师、言语矫正师、咨询顾问等。融合教育本身是这个非常艰巨而意义深远的系统工程里最重要的基石。

① 引自 Judith Heumann 发表在 The Hill.com 网站上的文章

北京融爱融乐心智障碍者家庭支持中心创始人之一、理事　王晓更

"融爱行"的诞生

特殊孩子就读普校支持计划——"融爱行"项目的诞生之所以出现在广州,得益于天时地利人和。第一广州邻近港澳台,(社会)环境相对会比较好;第二,因为有扬爱这样的家长组织,可以把家长们凝聚起来;第三,有众多志同道合的专业人士的支持,如少年宫特教中心和越秀区启智学校等。

当初一开始在做融爱行这个项目的时候,我心中就有一幅蓝图——先尝试一种融合教育的模式,让更多的家长参与其中,聚人气形成合力,用更大的声音去影响政府去做倡导,我们的终极目标就是要把这种随班就读支持系统升级为一个普惠的政策,让更多的特殊孩子受益。

当然,我当时的这种想法,支持我的人并不多,很多人会觉得这件事情很傻。但是也有极少数家长和专业人士支持,正是这极少数的支持,令我们一直坚持下来。

天上不会掉馅饼,发达国家地区的政策立法都是靠家长去推动的。有一定能力的特殊孩子在普通学校去感受和模仿,也是最好的学习,有些学校有爱心同情心会把特殊孩子收下来,但是这不是常态化,而且这些孩子在学校没有辅助,就只是随班混读,或者随班就坐。孩子是有受教育的权利的,我们必须通过政策制度去保证。

缘起——得到太多的爱,如何回馈

在很早以前我给白云区教育局写过一封信,是在儿子二年级(2006年)的时候,那封信是一个很初级的倡导,就是希望白云区教育局给所有的老师做特殊教育培训。

我们都很幸运,总是能碰到好老师好同学,但老师们不懂特殊教育,常常是爱莫能助，每到学期开学的时候，只要是换了老师，我都去约见老师，介绍孩子的情况，介绍自闭症，介绍自闭症康复理念和方法，其实有点是变相的培训。然后给每个老师都发一本手册，相当于《个案教育参考手册》。

我写了特殊教育培训诉求信之后，教育局的官员来开了现场会，然后就没有下文了。差不多等了一个学期，我才意识到，现状是区教育局是无能为力的，并不是不想去做，而是根本不知道从何做起。我必须要借助专业的群体去做这件事情，尝试探索支持特殊儿童的模式，单打独斗是不行的，必须联合同样需求的家长，做出品牌，做出影响力才行。

我所从事的市场研究工作，我的专业告诉我，用户的需要决定产品开发方向，广州随班就读支持这部分的市场需求非常之大。我对儿子使用的随班就读支持方法令我对"融爱行"充满信心，它必将满足家长的需要，必然会受到欢迎。

我的判断是对的，融爱行派驻到学校的特教助理之费用是由家长支付的，3000元到7000元不等，而面对如此高的门槛，希望加入融爱行的家长络绎不绝。因为无法招聘到合适的特教助理，培训速度也跟不上，一直都有家长排队候位的现象。

我们从上幼儿园开始就采取"陪读"的方式在学校就读，从小学三年级开始启用有专业背景的特教老师随班陪读，我自己充当督导，对儿子进行评估，制定IEP计划，编写供老师们参考的《个案教育参考手册》，效果显著，不仅可以给孩子学业支持，还能帮助孩子与同学交往，融入普通校园。

学校领导老师也非常配合支持，积极营造爱心氛围，我受邀在班级家长会上向同学的家长们介绍自闭症，获得家长及同学的同情支持与鼓励；融爱行创立初期，因为儿子是第一个个案，中山三院邹小兵教授、启智学校校长陈凯鸣，时任少年宫特教中心主任解慧超老师均到学校给老师们作专题培训；在台湾特教专家杨宗仁教授开办的"家长成长班"公开观摩课上，当我展示孩子融合教育教学成果时，受到众家长的关注。

想到一路走来，在孩子成长的路上，总是能遇到"好人"，普通学校、康复机构的老师、医生、特教老师、同学、家长、社工、邻居、保安等，点点滴滴，感激不尽，唯有心存感恩。

因为得到太多太多的爱，太多太多的关怀、帮助与鼓励，如果能将融合教育模式推广，帮助更多的随班就读孩子，那将是对爱最好的回馈，这是我唯一能做的。

"人和"——我的孩子是融爱行第一个个案
卢莹（森妈）是第二个个案

我觉得"融爱行"的成功与卢莹的加入有很大关系，第一，除了扬爱总干事冯新全力肯定我的想法之外，她是第一个支持我的家长，虽然别的家长在说我傻的时候，内心是嗤之以鼻的，谁理解我的"鸿鹄之志"，但还是非常希望有人认同与肯定；第二，因为她在外企的管理背景以及全职妈妈的充裕时间，加上当时扬爱的顾问徐前（人力资源专家），使得融爱行团队走上了专业化管理阶段，这是一个重要的里程碑。20个特殊助理的管理，包括招聘、评估、薪酬，还有培训、晋升等制度的建立，她为此付出大量的时间精力和智慧。

这里面还有一个重点的人物，就是解慧超。她当时是少年宫特教中心的主任，她也很认同我提出的随班就读支持计划，极力赞同推动政策出台，推动试点。

每个星期六、星期日在少年宫读书的那批孩子，有一大批是随班就读的。他们会去向她求救，孩子碰到这个问题我该怎么办。对于家长的需求与困境，她非常了解。

冯新、解慧超和我，我们三个人的角度完全是不同的，冯新是社会工作者，我是家长，解慧超是特殊教育专业人士，这么一个组合，被称之为黄金的组合——每一个人的角度不同。这样一个组合在2009年底结队去了一趟美国。参加美国一年一度的"平行教育者"（Para Educator Meeting）的一个年会。

美国从20世纪90年代开始就取消了特殊学校，实行全纳教育，"一个都不落下"，按照州法律或者联邦法律规定，每个学校都根据特殊学生的需要按比例配置特教老师及平行教育者。平行教育者，其实就是我们现在说的特教助理。解慧超极力说服我们去美国，因为美国现行的全纳教育就是我们所希望学习模式。

于是我们3个人一起去了美国，学习到了美国在融合教育方面的一些先进的理念和做法。然后我们就变成了"融爱行"的创办人，解慧超一直为特教助理提供培训和担任巡回指导老师，直到去美国攻读特殊教育博士学位。

"方案写好了,政府连拒绝的理由都没有"

我们在美国会议期间,见到一个年纪较大的家长,她告诉我说她这5年共有20个提案给州政府,提案都是关于身心障碍权利的。我当时就很奇怪,为什么能提这么多,怎么能做这么专业的事情,这些提案,在我看来只有懂法律的专业人士才可能做到。

她就给我看了几页打印版的PPT,很简洁,是一个家长培训材料,大致的内容是培训家长怎么去跟政府对话,里面有几段话印象很深刻,跟政府打交道有什么原则,什么有理有节,换位思考;要学习专业知识,研究政策法律,还有一些原则,比如说你绝对不能与政府对立,寻求专业支持等。然后最后一页,就是引用了一个阿拉伯的谚语"我们都是住在岛上的人,不要与海洋为敌"。美国之行对我触动很大,原来在美国,在发达国家政策的推动是靠家长去做的,不是单靠专家、学者、社工。

我在美国之行前一直也认为必须做政府的倡导工作,但我认为这件事应该是扬爱的社工去做,不应该是家长做,因为她们比家长更专业,但这是错误的:家长或者残障人群最了解自己的需求,应该是政策倡导的主体,并且作为家长或者残障人群为主体去谈权利是天经地义、理直气壮、具有强大说服力的。事实证明,只要家长或者残障人群愿意站在前沿推动政策改变,将会获得更多的专业人士和社会人士的支持和帮助。

从2012年开始,我就在找数据,想写一封更专业的诉求信。我的专业令我非常了解用数据说话的重要性和必要性,到底有多少人需要特殊教育,有多少人随班就读,有哪些问题是迫切需要解决的,对未来又有什么期待。

于是,我们开始用商业的调查方式收集数据,我们设计了一份简单的调查问卷,收集了差不多30份问卷,以及用简单的分析去说明家长对随班就读支持的渴望。并且以随班就读家长的名义来写了一封信,希望以融爱行学校为试点,将特殊教育资源引入普通学校,建立随班就读资源中心。

解慧超也从专业的角度写了一份非常详细的关于建立随班就读资源中心的建议书。诉求信、调查报告还有建议书,而且还有教育专家智囊团帮助我们修改润色,我们将这三份东西一起递给了市教育局信访办。

我深信,我们的诉求一定会成功,为什么这么说呢?因为我们把这么多年沉淀的经验与教训进行了总结;关于未来怎么做,建议书也已经写好了,简单地说,我们的目标确实可行,就是跳起来让你够得着的那种;还有家长们对孩子无私的爱感动了接访的所有官员;诉求信的专业水平令人震撼,最重要的是,我们理性的友好的沟通方式获得了更多的尊重。

政府应该连拒绝的理由都没有,这同时也是政府的职责所在,融爱行的模式只有在政府的推动下,才能发扬光大,才能走上专业化的道路,民间的力量只是尝试和摸索。

于是,我们的诉求信得到肯定,融爱行被公立学校接管了,也有了18所试点学校,我们戏称为"招安"了。我们对未来的憧憬是,试点结束后,将会建立随班就读支持完整体系,一个有特殊需要的儿童进入校园,他将会获得全方位的特教教育支持、评估、IEP个别教育计划,还有全校参与校园倡导,尊重接纳的校园氛围,必要的特教资源,包括特教老师、特教助理,乃至语言治疗师、运动康复治疗师……

"融爱行"是一个典型至下而上推动政策的倡导案例,其道路是曲折的,但前途是光明的。目前广州市已经陆续成立了"听障儿童随班就读资源中心"、"智障儿童随班就读资源中心"、"自闭症儿童随班就读资源中心"。

尽管这个项目还是面临着很多困难,但是,它开始了,就已经是一个伟大的实验。从个人到集体,再到政府的行为,这是一个正常也是良性的轨迹。

有了融爱行倡导的成功经验,我们为之喜悦兴奋,从中获得力量,并看到更多的希望与光明,还有职业教育、融合就业、社区自主生活、公益信托等。未来的路很长,唯继续前行。

广州扬爱特殊孩子家长俱乐部理事　戴　榕
本文原载于微信公众号《大米和小米》

接受上帝的礼物

每个孩子都很特别,都是上帝赐给父母的礼物。这就是皆福——英文"GIFT"的来源。郑州市皆福特殊儿童家长互助中心是为发育迟缓和心智障碍儿童家庭(包括自闭症、唐氏综合症、脑瘫、学习和发育迟缓、罕见病等)服务的非盈利公益组织。

特殊需要儿童不应是个别家庭的负担,而应是社会公众的责任。怀着这一信念,2008年,皆福成立,并一直致力于特殊需要孩子家长的专业成长和态度的转变,使特殊需要孩子更好地融入社会。

我们会定期举行家长专业知识和技能培训,组织家长互助学习小组,为孩子和家长做入学准备训练,举办社会倡导和社会融合活动等。此外,我们还鼓励并协助家长为自己孩子发声,做权益倡导。2013年,皆福家长自发组织了一次融合教育倡导会议,郑州市教育局工作人员也出席了此次会议,并在之后《关于做好郑州市市区2013年小学入学工作的通知》中提出:自2013年秋季开始,各区要结合实际,制定具体方案,采取有效措施,妥善安排好孤独症儿童的随班就读工作。

之前,皆福的会员能进普校的屈指可数,但现在光我们知道的,每年身边都有20多个特殊需要孩子能正常步入小学,其中包括中重度自闭症孩子。这样好的转变,家长持续的努力是一方面,接触到融合教育的一些学校从上到下的积极配合和政策、媒体的监督也起到了很大作用。有几所学校多次大力配合皆福的海外志愿者专家和其他组织的资源链接到学校做专业指导。

阳阳就是融合教育受益的孩子之一。最开始认识阳阳时,印象最深的就是,在我们组织的融合活动中,他会躺到地上莫名地哭,真的让人又难过又无奈，很难有办法一起玩儿。阳阳是自闭症孩子，据他妈妈说，阳阳三岁半开口说第一个词"妈妈"，四岁整会说第二个词"爸爸"，五岁学会拿勺子，七岁学会用筷子。身体的不舒服让阳阳整日整夜地睡不着觉，全国各大医院查不出这是为什么，所以上小学之前，阳阳一直在做艰难又艰苦的家庭干预训练。但现在阳阳在普校已经顺利读到五年级。上小学后，他的进步让我们吃惊。他现在不会莫名地哭个不停让人束手无策了，能安静地在集体中正常上课，还学会了弹钢琴、画画等，而且还交到了很多朋友。现在的阳阳在学校颇受欢迎，尽管跟同学们相处中，他还会以自我为中心，做出与众不同的举动。但还好，阳阳的这些特殊的与人交往的方式，得到了全校老师的理解和关爱，赢得了同学们的帮助和陪伴。每到课间时分，同学们都会和阳阳前呼后拥，嬉戏打闹，玩得不亦乐乎。阳阳是幸运的，他上了所有爱的小学，遇到了有爱的老师，结识了众多纯真可爱的同学们。他的同学和老师也是幸运的，他们通过和阳阳的磨合，获取了健康的心态面对多元世界。所以，你会发现，这样融合的学校会让所谓的"特殊孩子"和"正常学生"都受益，他们独特的潜能会被更好地开发。

  当然，一切好现象的背后都有数不清的默默付出。皆福家委会（皆福组织的其中一个家长团队）的家长今年3月份参加了广州的全国家长组织联会，和在北京举办的"共享融合——融合的世界"工作坊，并正在实施推进一个融合倡导的项目。也很感恩其他同行和业内专家对皆福的支持。

  融合教育政策的出台，试点小学的出现并不是代表万事大吉，一些孩子就算进了普校，还会被劝退，或只是被放到了一个大环境的隔离中，不能接受到真正的融合。比如：一些老师并不是真的理解和认同平等和融合的概念，不能掌握"通用设计"、"合理便利"以及"无障碍"等基本理念和原则。还有一些孩子入学前不能很好被预备等。

  所以，融合改革尚未成功，我们仍需努力。皆福和您一起，学习每一份上帝的礼物的正确打开方式，让每份礼物都为世界加添美好。

郑州市皆福特殊儿童家长互助中心执行长　徐　冰
（郎真真整理）

默默耕耘　静等花开

今天在朋友圈看到一个妈妈发的好消息，上建基幼儿园的小浩浩在周一升国旗时作为中二班的小代表进行了国旗下的演讲。就这么一条简单的消息一下子在融合圈中炸开了锅。一个妈妈说，真厉害，都能演讲啦，就是普通孩子也未必能演讲呢。另一个说，这是什么幼儿园，老师怎么可能让我们的孩子上台展示？太惊喜了。大家送上满满祝福的同时，也对西安市这所融合幼儿园充满深深的好奇。

我的内心暖暖的，如春天的风吹过田野、拂过柳梢，花间弄舞、波荡涟漪。这是一个缘起于2014年早春的故事。因为一次会议上偶然的相遇，我们认识了蔡蕾老师。当了解到她倾注毕生经历而创办的奇色花福利幼儿园，已接收有特殊需求的儿童十八年之久时，西安的妈妈们被震动了。带着满腔热情和对孩子未来的期许，努力的妈妈们奔赴奇色花学习。信念让我们一定要去看看这所神奇的幼儿园，看看她到底给特殊孩子们带来了什么？

这是梦开始的地方，也是在我们心中种下融合种子的伊甸园。蔡老师为我们这些素昧平生的妈妈们安排了三天的参观、学习、交流和讨论，让我们揭开了学前融合教育的第一层面纱。原来我们的孩子也可以上普通幼儿园，原来有专业支持的爱才是真爱。

要做第一个吃螃蟹的人

从充满希望的郑州回到西安，残酷的现实让我们清醒，这里是一个对学前融合教育一无所知的城市，摆在面前的困难可想而知。也许是执念的引领，让我们找到了愿意尝试合作的幼儿园——建基幼儿园。很幸运第一批四个小朋友走进了这所普通幼儿园，我也非常荣幸地成为这所幼儿园的副园长。

试行之初，最难的是如何让幼教老师、普通孩子和家长真心接纳孩子。中国有句古话叫做"己所不欲勿施于人"，我将这句话反过来做"己之所欲先示与人"。如何让普教老师爱有特殊需求的孩子，首先要让她们爱所有的孩子，无论他是聪明伶俐还是比较有特点；如何让普教老师爱所有的孩子，首先园长要爱园内的每一个人，无论他是一线老师还是保洁阿姨。我们的融合从关爱园内每一个人开始。作为一位园长我以身作则，从大爱的方向宏观地引导教师，从小的细节上亲自示范给老师，身体力行告诉教师们什么是真正的接纳。

我们开展了各类知识普及、技能提升、心理建设方面的培训。首先确立的信念是所有孩子都拥有受教育的权利，任何人都不可以剥夺。其次在教学中引入奇色花的融合教育实务，为孩子们制定IEP。实践中边学习边总结，每周定期开小组会，深入讨论再实践。几学期下来，老师们的能力都有了不同程度的提升。

两年来，我们开展了丰富多彩的"月月有，不重样"的每月大活动，活动方案中设计了特殊孩子参与环节，给予了特殊孩子参与大型集体活动的机会，并从中发现他们的兴趣和爱好。让他们享有在有支持的融合环境中学习和生活的乐趣。活动本身顺利地开展也充分向普通家长们展示了融合教育的意义和潜在的利好。我们的融合环境开始得到了普通家长们的接纳，其最简单的原因是——家长们发现在这样的环境中孩子们变得更加有爱心，更加自信和热爱生活了。

对于我们小小的特殊生来说，终于来到一个可以不用每天从早训练到晚的地方。大环境的接纳注入每一个孩子心灵的是爱与陪伴，合作与分享，不一样也可以在一起。不一样的天使，一样拥有幸福的童年。

在建基幼儿园做学前融合教育的这两年来，一直深深受惠于奇色花的各种无私又专业的支持。无论是亲爱的蔡老师、梁田园长还是巡回辅导团的各位老师，每一个人都深深地为建基学前融合教育的推进做出了很大的努力。奇色花福利幼儿园就像一朵许愿花，摘下一瓣芬芳实现一个美好的愿望；分出一瓣爱心，成就一所融合幼儿园的成长。受惠者唯有不断的前进才能回馈这深沉而又隽永的爱！

只问耕耘，静等花开

随着2015年2月《陕西省特殊教育提升计划（2014-2016年）实施方

案》的发布，一系列利好政策让我们的孩子开始走进普通小学。但是随之而来的更严峻的问题是在没有支持的普通环境中，随班就读成了随班混读。如果不在普校中设置资源教室、配备特教助理、为特殊生制定 IEP，对普校教师也未进行融合理念的宣讲，那么美好的融合愿望真就变成了普特融合困难的残酷现实——特殊生在校学习时间的荒废、学习生涯的伤害，以及可能产生的各种问题，将严重影响融合教育的可持续性发展。所以，只有不断推动政府、教育部门、学校和家长组织多方合作，根据严谨的需求调研结果而实施提升计划，我们的孩子才可能接受到有专业支持的融合教育。

许多家庭存在着一样的矛盾：倡导的进度赶不上孩子成长的速度。作为家长，我们清楚地知道，孩子已经不能再等了。当下而言，在没有支持的时候，我们自己就是最好的支持。近两年来，我们中国精协孤独症家长服务协会陕西工作站一直领航本地家长进行倡导和诉求活动。我们在倡导的过程中得到了许多机构、家长组织和项目的支持。比如郑州皆福、广州扬爱等先行者的成功模式给了我们很大的启发，有了如此模范的成长线路，我们陕西家长的倡导之路将更加清晰、精准和专业。

2016 年 3 月我们家长组织开展了"融合教育理论与实践"培训，邀请到广州市越秀区启智学校主任、启智学校前自闭症资源组组长、智力障碍随班就读指导中心巡回督导、浙江省智障教育资源中心培训导师刘劲老师。本次培训让我们对融合教育的实施有了更深一步的了解。效果最为显著的是培训结束后各区的家长们纷纷主动开始抱团，开展诉求活动，向基础教育部门提供相关资料，报送今年即将上学学生名单等。在家长们热情的推动下，4 月初西安市拉拉手特殊教育中心和陕西工作站共同召开了"西安地区融合教育座谈会"。与会期间，荣幸地邀请到了西安体育学院特教系的徐教授为我们做了分享。（徐教授长期从事特殊教育人才的培养，曾参与西安市特教助理培训的项目）

在家长们积极的倡导之下，我们的未来将逐步走向大专院校（未来特教教师培训基地、政府项目协作单位）、特殊教育机构、市区教育部门、普通幼儿园和小学、社区、家长组织等多方合作的运行模式。多边合作、携手共赢也将成为之后各区开创融合小学、筹建资源教室、配备特教助理的基石。

2016 之春，万物复苏，草长莺飞，我们更迎来了融合教育的春天。今天我们的努力，是为了充满希望的明天。也许当一年多后小浩浩幼儿园毕业时，迎接他的不仅仅是接纳，还有高品质的人文环境和硬件设施，以及充满快乐的小学生活。让我们期盼这一天的到来！

耕耘融爱之路，静等花香四溢！

中国精协孤独症家长服务协会陕西工作站　副理事长　陈　傲

我想与你分享光明

我还记得我第一次听到奇色花福利幼儿园是在21世纪初的时候，我因学习汉语而搬到郑州。由于自身专业背景的缘故，我对中国特殊需要儿童的现状产生了兴趣。因此我参观了奇色花福利幼儿园，并惊奇地发现在这里特殊需要儿童也可以在普通幼儿园中接受学前教育。在我更加频繁地接触到奇色花后，我开始对郑州特殊需要儿童以及他们家人的现状有了更深入的了解，并感受到了他们面临的挑战与困难，同时我还了解到奇色花福利幼儿园的特殊之处。

中国在20世纪90年代开始推行对于特殊需要儿童的融合教育。然而，要将特殊需要儿童纳入普通学前教育不是件容易的事情。更为不幸的是，特殊需要儿童的家长在为孩子报名时也经常遭受普通幼儿园的拒绝。当我第一次去奇色花的时候，我受到了大家热情的欢迎。蔡园长告诉我在她刚刚工作时，曾遇见一个唐氏综合症的孩子非常想进入幼儿园学习，但最终还是被拒之门外。从那一刻起，她就下定决心如果她能开办管理一所幼儿园，她一定会接收特殊需要儿童的。这个故事既感人又充满力量，而蔡园长也真的开始把她的想法付诸于行动了。

当我们想要提供融合学前教育时，不同的因素决定了我们的成败与否。其中最重要的一点就是老师及家长对于特殊需要儿童的态度。从我加入奇色花开始，我能感受到这所幼儿园对于特殊需要儿童真诚的态度，蔡园长和其他老师们非常欢迎这些孩子的到来，接纳他们并想要给他们发挥自我潜能的机会。

当谈论到正常发育孩子父母的态度时，奇色花的确遇到了一些困难。我还记得有些普通孩子的父母因害怕他们的孩子受到特殊需要孩子的负面影响而转学。事实上很多项研究都表明,正常发育的儿童可以从同班特殊需要儿童那里获得益处,但这些研究并未改变我们所面临的情况。在21世纪早期,人们对不同类型的残疾了解甚少。很多家长可能从未见过特殊需要儿童,这种无知演变成为了恐惧。但是,鼓舞人心的是,在过去的十年中,媒体向大众传播了很多关于残疾的知识。我很感激奇色花能够挺过那些最艰难的时刻,我至今还能回想起当时我看到入学儿童增加时那轻松愉悦的心情。

另一个决定融合学前教育成功实行的因素就是教师培训以及获得所需资源。幼儿园应当配备领导人才以及教师团队。当我开始在奇色花福利幼儿园工作的时候,我看到这里的教师非常愿意为特殊需要儿童提供教育,但是他们缺乏残疾方面的常识、提供此类教育的能力以及资源。所以教师的培训就尤为重要了。当然,因为资源的匮乏,我对于教师的培训就必须延伸到更广阔的领域。我还清楚地记得我们刚开始实行个性化教学方案的时候,那时沉重的工作量让我倍感压力。因为如果我们要编写教学计划,教师们首先就要学会如何评估孩子的发育状况,接着他们还要学习如何将评估结果转化为教学计划。我们选出的第一位孩子(为了践行个性化教学方案)患有唐氏综合症,我们的教师就需要了解唐氏综合症是如何影响儿童发育的。第二个是一位患有自闭症的孩子,因此教师们就应该对自闭症有所了解。如果我们想要激发孩子的语言发育,我们就需要了解语言是如何发育的以及针对不同的残疾儿童要采取怎样的激励模式。诸如此类的培训似乎永无止境,而且我也担心当我们实行个性化教学方案的时候,老师们可能已经崩溃了!但令我惊讶的是,这里的老师们始终保持着极高的热情和强大的毅力,由于我中文水平有限,他们甚至还克服了沟通上的困难。现在回想起来,虽然当时奇色花的教师们需要大量培训,但通过点滴积累,他们掌握了所需的知识与技能并有能力为孩子们提供高质量的融合教育。

同样需要注意的是,提供融合教育还需同特殊需要儿童的家长共同合作。作为评估程序的一部分,我们开始进行家访并倾听家长们的故事,这使我感触很深,我也开始用一种新的视角去了解这些家庭面临的困难。要养育特殊需要的孩子并不是件容易的事,他们可能在讲话方面有困难,甚至无法理解父母的意思。我还了解到这些父母也遇到了来自社会的压力,令他们痛苦的是,他们的孩子可能不被他人所接受或被认为价值较小。但是,令人欣慰的是，这些家长也开始参与到孩子们的教育中，并讲述了他们关于自己孩子的梦想。这些都使我感到我们所做的一切都是值得的，我也看到了希望。通过接受这些孩子，和家长进行沟通并让他们参与到孩子的教育中，我们就能够给他们的生活带去光明和希望。

一天，一位家长陪我去奇色花的路上向我讲述了她的故事。当发现她的孩子有特殊需要时，亲戚们都劝她放弃这个孩子，但她无法办到，因为这是她自己的孩子！这个故事深深地震撼了我，因为我发现，人们对于特殊需要儿童的偏见太深。但是这位母亲坚持认为她的孩子是有价值的，是一个值得活下去、值得她去投入的孩子。今日回想起来，我的眼中仍旧充满泪水。这对于那些孩子和他们的家长来说该是多么艰难、多么不公。但这也激励我想和他们并肩一道，鼓励他们、帮助他们无视社会上那些"你的孩子不够好"之类的话，让他们相信并发现他们的孩子是如此的美丽与独特！

在提供融合教育时，不容忽视的一点就是要建立与不同专家之间的联系，因为他们能够为我们提供辅助支持，比如物理治疗、言语治疗、特殊教育以及职业疗法等。这不是一件容易的事情，因为在郑州并没有这方面的专业人士。因此，这就成为了摆在奇色花发展融合教育道路上的又一难题，应当如何解决呢？

为了支持奇色花的融合教育，我所工作的中国之友基金会不断从外国选派专家，为奇色花的员工提供专业培训。我还记得当有一支专业团队加入我们时我兴奋的心情，他们是来自美国的语言专家、全纳教育专家 Tom 和 Susan Hintgen 夫妇，还有英国的语言治疗师 Kay Wells，荷兰物理治疗师 Maaike Kodde，瑞士幼儿教育专家 Caroline Cretegny 和澳大利亚幼儿教育专家 Alison Wicks……每当我想起这些专家付出了他们的时间与精力来帮助奇色花的特殊需要儿童时，我都不禁微笑，深感幸运！这对我个人而言未尝不是一种鼓励。因为虽然我和蔡园长以及其他同事的合作非常顺利，但国外专家们的反馈也为我提供了很多帮助与支持，让我继续走下去。

因此，要想顺利实行融合学前教育，我们就要做好应对各种挑战的准备，而我和蔡园长在这条道路上就遇到各种很难解决的困难。比如说家长的态度、某一特殊儿童的行为、园舍不稳定或是教师中间的负面情绪，亦或是专业人员的缺乏以及资源的匮乏，这对于我们来说都是挑战。但不论怎样，我们最终都克服了。几年前我去了别的国家，当我去年再回到中国时，蔡园长告诉我河南省委省政府非常重视学前融合教育，在《河南省特殊教育提升计划 2014–2016》中明确提出积极发展学前融合教育，省内的 45 所融合试点幼儿园将提供融合教育，我兴奋极了！推进学前融合教育工作的第一步就是为这些幼儿园提供培训，而我自己也很荣幸能够参与到对他们的培训中。如此快速的发展令人惊叹不已！我很感激他们为很多河南的特殊需要儿童提供了在普通幼儿园学习的机会。当年我加入奇色花时，从未想过我们的点滴奉献能够给特殊需要孩子的未来带来如此大的希望！

当然，我也遇到过想要放弃的时候。即使是现在，我们依旧有大量的工作需要完成，但当我面对这些挑战时，我想到了当初奇色花是如何开始的，以及我们所有人付出了多少努力才将特殊需要儿童融合进来，我想到了这些特殊需要儿童父母给予他们的爱与奉献，我想到了正常发育儿童的父母以及他们是如何在班级里接受特殊需要儿童的，我还想到了地区与教育行政部门的领导们给予我们的帮助与支持，以及国外专业人士为我们提供的培训。这时我才意识到，我们团结在一起为特殊需要儿童提供了可以学习、成长、发展的空间，并为他们找到了归属。当我在奇色花福利幼儿园看到那些特殊需要的孩子们，我就知道我们所做的一切都是有意义的！上帝在我心中种下希望与爱的种子，如同一小盏明灯，而我想要与周围的人分享这光明。我祈祷很多盏明灯能够汇聚在一起，为这些独特的生命带来永恒的希望和更加光明的未来！

作者　荷兰格罗宁根大学教育科学专业硕士
　　　Marilies Leng-Hartkamp
翻译　常晓晴

山不过来　我就过去

　　人生而平等，每个人都应该受尊重，这是基本的人权。基于这个理念，融合教育提出让特殊需要的孩子像普通孩子一样入读普通学校，架起了特殊需要孩子与普通孩子沟通的桥梁。在融合的环境中，普通孩子获得了较好的发展，他们更为了解和接纳人与人的差异，亲社会行为增加；特殊需要孩子在个别化的融合课堂中，潜能得到了开发，画出了五彩缤纷的画作，唱出了独具特色的歌声，弹出了优美的音乐，交到了知心的朋友，他们的脸上绽放着花儿般的微笑，获得了自信、快乐和成就感。

　　从1972年美国的"启蒙计划"到1994年《萨拉曼卡宣言》的提出，融合的理念逐渐在人们的思想中生根发芽，不断深入。特殊需要孩子不再被局限在特殊教育学校或者寄养在家庭或机构，他们也有机会回归到普通人的生活和学习圈子，这对家长、老师的观念，学校和班级的管理都是一个重大突破。在这种形式化的融合以后，人们有了更高层次的融合教育需求，融合就这样一步步因为理想不断冲破现实而向前发展着。作为教育工作者，我们的理想是：不论特殊需要学生的类别和障碍程度如何，都应该被完全地接纳，他们需要公平的教育机会和个别化的支持。所以，多年来我们努力倡导社会对特殊需要人群的关注和尊重，倡导政府对融合教育的支持，倡导社区给予特殊需要人群生活、学习、休闲的机会，倡导人人为融合教育尽一份力，而这些倡导也逐步深入人心，换来了实实在在的改变。

　　目前融合教育取得了很多成功经验，但也存在着诸多问题：如学生进入了融合教育学校，但全面了解融合教育的老师少之又少，学生得不到专业化的评估和指导；最重要的是，不少学校和家长都未摆脱精英教育的价值观，融合教育的课程让步于填鸭式的教育，单一的学业成绩的评价方式使课程与生活严重脱节。

这一系列的问题，犹如一块巨石挡住了融合之路。但移山大法的精髓是：山不过来，我就过去。针对融合教育师资紧缺的状况，很多高校开始培养特殊教育专业的人才，许多教师也在积极进行在职培训或者网络学习。在融合教育理念的传播下，很多学校的课程开始考虑生活化这一原则，"生活化"让普通孩子和特殊需要儿童都受益。课堂中，老师们不断加强自己在教学方法、课程设计和编排上的技巧，在教学中鼓励合作学习，鼓励小伙伴之间进行互助学习。渐渐地，个别化的课程调整让每一个学生都成为融合课堂的参与者和直接受益者，多元化的评价方式也让特殊需要孩子找到自身的闪光点，融合协作的氛围让融合教育者能够更好地理解差异、正确对待差异，使更多的特殊需要孩子得到科学的、专业的指导。

融合教育的实践过程是理念由点到面的传播过程，是教师师资不断扩充和专业化的过程，是融合教育经验不断积累和传承的过程，是充满挑战又充满希望的过程！我相信，在理想和现实的冲突与碰撞中，融合之花会越开越灿烂！

郑州幼儿师范高等专科学校　肖君凤

今天的学校决定了明天的样貌

我第一次接触《联合国残疾人权利公约》是因工作之故。我就职于新加坡教育部，当时我们正在为签署和批准这项公约拟定相关政策。公约序言中的一条让我震撼，那就是"残障"的定义。

"确认残障（公约中文版原文为'残疾'）是一个演变中的概念，残疾是伤残者和阻碍他们在与其他人平等的基础上充分和切实地参与社会的各种态度和环境障碍相互作用所产生的结果。"

这一定义强调，残障不是一个静止的概念和状况。残障不能被简单明了地界定，因为障碍取决于社会态度及特定环境。所谓残障可能包括阻碍全面和平等参与的因素（例如台阶给某些人造成的困难），或者那些人类多样性带来的自然差异（例如黑眼睛或棕眼睛），这些因素是否造成障碍完全取决于我们选择何种方式组织和开展活动及人际互动。通过上面的例子可以看出，如果各类设施、场所、建筑物、居家环境、道路以及其他各种交通方式从一开始就采用无障碍设计，那么轮椅使用者就不必被看做残障人，他们自身的残损并没有阻碍他们全面地参与社会。我曾在郑州与一些不会讲中文的外国朋友交谈，其中一个有趣的例子可以进一步阐明上述观点。这些外国朋友属于通常意义上的"健全人"，但他们没法告知别人他们的需求，更不用说表达他们的高见，根本不能适当地开展日常活动，除非为他们提供一种特殊的服务——翻译。语言的障碍让他们有了"残障"。

前述的残障定义清楚地指出，"问题"出在当下的环境和态度，与残障人无关。这一观点颠覆了传统的看法——残障人自身是不完整的，应当被隔离、被隐藏、被边缘化，除非他们努力成为"健全人"。公约的定义把人的损伤与他们面临的障碍清楚地分开，毕竟两者之间没有符合逻辑或者必然的联系。

在教育领域,"特殊需要"不再是一个"固定不变的,二元对立的"名词。每一个儿童都会有着不同的教育需要,这是人类多样性的结果。如果我们愿意仔细想一想,这并不是什么极端的主张。在绝大多数情况下,人类学习不同技能的能力成光谱分布,不存在正常与不正常的分界。就好比说,一个儿童能或者不能做数学题,这样的论断其实太过简单。她或他可能在掌握数学概念方面较快或较慢,但这种差异绝不是黑白分明,能否最终掌握数学技能还取决于教师的方法,他面对数学时的自信和态度,以及与成长历程相伴的数学能力的改变。进一步说,儿童在不同领域(文字、语言、社交技能、艺术、数学、体能)的能力也许大相径庭。例如,即使一个孩童的数学天赋非凡,但在语言方面可能并不见长。众所周知,这些差异存在于不同领域以及儿童发展的所有阶段,因此没有理由给某些儿童贴上"残障"的标签,将之区别对待,或者放入不同的环境中提供教育。

这也提醒我们,特殊需要儿童有着平等的受教育权,应当在与他人平等的基础上,有机会充分发展自身潜能。他们自身价值不因残障而减损。如果环境根据儿童的需要进行适当的调整,他就能够学习到所需的知识和技能。我们不应当要求儿童调整自身以适应一成不变的环境。

我们的教育哲学应当是:每一个儿童都是不同的,所有儿童应当在共享的环境中学习,并应当得到合理便利。不论怎样,所有儿童都应当在共享的环境中学习,因此自然的人类多样性可以被每一个儿童看到、理解和拥抱。

真正的融合教育不是简单地将"残障"儿童和"非残障"儿童聚集在同一间教室里,仅仅满足"非残障"儿童的需要(这种做法叫做主流化),或者根据"残障"这个标签提供不同的教育服务(这种做法只不过是象征性的融合)。真正的融合教育尊重每个儿童所拥有的一系列特殊教育需要。真正的融合能够在充分满足每个儿童独特需要的同时,创设共享的学习环境。

奇色花福利幼儿园践行的就是真正的融合教育。在这里,每一个儿童——无论是否有特殊教育需要——都定期得到发展状况和学习目标实现情况的评估,因此幼儿园可以实施个别化教育计划。制定教育计划的基础是儿童的需要而不是"残障"的标签。

在这里，每个儿童都要发展几个领域的潜能，以确保全面发展，这些领域包括语言、科学、艺术、社会、健康与日常生活。只要有可能，儿童在或大或小的组内合作学习，不同的分组考虑到每个儿童在某个领域的发展水平。当儿童的需要十分具体时，儿童可以与教师或者其他教辅人员进行一对一的互动。为了实现有价值的融合，教师为儿童的活动提供细致的规划及有效的指导。

为了培养积极学习、责任感和独立自主，奇色花的小朋友被赋予许多为自己做选择的机会，同时负责自己的学习。例如，每天教师都会通过运用玩具和拼图游戏，安排儿童自学时间。每个儿童都需要选择和计划自己想要学习的内容，并向老师解释他们的计划。在这部分学习完成后，他们还会有机会讨论并评价学到的内容。奇色花的老师很少采用教条的教学方式。老师也鼓励孩子们学会如何共同承担责任，这一般通过头脑风暴或者集体讨论的形式实现，尤其是鼓励孩子们就某些行为和活动可能产生的后果做出最终决定。孩子们还要学会如何在没有成人干预的情况下解决彼此之间的矛盾。

为避免依赖外部奖励或惩罚约束或强制儿童学习，奇色花通过挖掘儿童与生俱来的好奇心以及对于探索和学习的热爱，进而引导他们把热情和能量用于创造有趣的学习经验。不紧盯儿童的"错误"行为，老师们将重点放在发现外部行为背后的意图和需要，进而鼓励儿童如何用恰当的方法表达自己的需要，如何更好地控制情绪，以及在必要的时候约束自己的行为。

研究已经证明，老师的期望对学生的成就有着举足轻重的影响。在奇色花，教师相信所有孩子都能不断进步，充满自信，自我管理，善于合作，尊重、同理并且善待他人。这些原则已经深植于奇色花所有的工作当中，无论这些工作看起来有多么困难。

今天学校在做什么决定了明天社会的样貌。我在奇色花的见闻让我对当地社会有了更高的期待，祝愿奇色花在未来更长的时间里继续蓬勃发展。

新加坡教育部工作者　Leah Aw

图文故事
▼
莫扎特的回音

▶ 1月31日夜，广州大剧院歌剧厅被一束光照亮。舞台的主角是79个孩子。他们中，有人低着头、闭着眼，目光全程与观众没有交流；有人在合唱队伍中摇头晃脑，唱歌走调。歌剧厅1804个座位，几乎满座，每个观众都认真地欣赏这台由55名特殊儿童与24名普通孩子组成的演出。

▶ 一束追光打在舞台中央。下肢瘫痪的阿璞，推着助步器，一步步挪进这束光里来。小学时，他常被人视为"异类"。8岁进入青少年宫后，阿璞学习了绘画，还"认识"了马勒、贝多芬、莫扎特这些音乐大师。30年里，他创作了3500多幅画，还举办了作品展，分享一个"异类"和这个世界的关系。

▶ 舞台上追光灯亮起，由特殊孩子与普通孩子组成的融合舞蹈开始了。孩子们身穿统一的白色演出服。男生梳着"三七分"，女生把头发高高挽起。有观众特意寻找舞蹈团里的特殊孩子，却看不出来哪个有自闭症、哪个是聋哑人。

▶ 自闭症男孩浚棋和普通孩子小羽扮演两只鸟，手牵手跑进追光灯影里，身上的五彩羽毛在光束下上下翻飞，成为全场焦点。唱歌时，浚棋身体会不自觉向左后旋转45度，有些偏台。9岁的小羽悄悄拉住他的手，带着他的身体慢慢调整好姿势，重新面对观众，反复多次。

▶ 融合艺术团刚开课那会儿,特殊生与普通生分成界限清晰的两大阵营:视障孩子只能原地坐下,自闭症孩子大声尖叫,脑瘫孩子静静坐在轮椅上,呆呆地盯着普通孩子扎堆一起玩。有普通孩子不愿牵住盲童的手,大声嚷嚷"他没有眼睛",也有普通生一看到特殊生的轮椅就绕着走。

▶ 最明显的改变是从一声"小秘书"开始的。当特殊生需要帮助时,老师喊一句"小秘书",普通生就知道发挥光亮的时候到了。对于"小秘书"的行为,老师既不做硬性要求,也没有特别的奖励,只是让普通生在与特殊生的相处中了解,他们需要支持就像近视的人需要眼镜一样简单。

▶ 融合班的舞蹈课,不压腿、不上把杆,鼓励孩子跟随音乐起舞,让普通生和特殊生两人一组搭档,要求他们合作完成动作。当孩子们尝试用身体语言去表达、交流、拥抱,那条横亘在特殊生与普通生之间的明显界限,逐渐模糊了。

▶ 舞台上,智障孩子东东唱着"小星星"出场,普通孩子小雅随后上台,笑嘻嘻地递给他一把画满小星星的伞。舞台下,东东常用亲吻表达开心。他会轻抚小雅的手,或者突然把嘴凑近小雅。这个7岁的小姑娘没有被吓跑、没有尖叫、没有向老师告状,只是轻轻避开,拉起东东的手,继续一起玩。

▶ 12首原创歌曲联唱《妈妈不可爱》是音乐会的压轴节目。第二排的一个男孩特别抢眼，他总是低着头，和着节拍夸张地边唱边摇摆。在整齐的队伍里，显得尤为特殊。彩排时有人提议，"换掉他吧。会干扰别的孩子"。但所有家长都坚决维护这个显得不合群的视障男孩站上舞台的权利。

▶ 现场导播屡次把镜头给了这个摇头晃脑的视障孩子，还有站在舞台上忍不住抠鼻子的智障孩子和东张西望的脑瘫孩子。坐在观众席第六排右侧位置上的小男孩扭过头问妈妈："为什么他们和我不一样？"拿着纸巾擦掉泪水的母亲停顿了十几秒，轻声告诉儿子："因为他们是天使啊！"

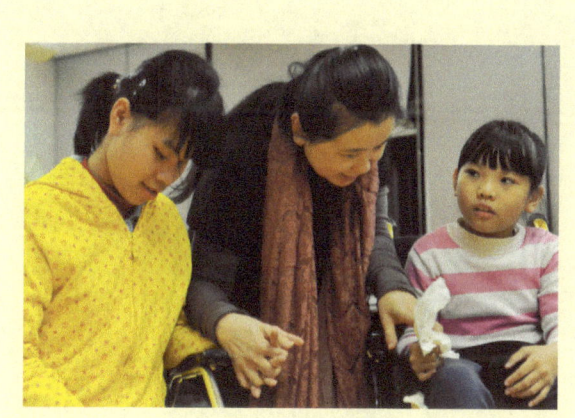

▶ 艺术像一束光,照亮特殊孩子生命里的暗夜。融合艺术团的团长关小蕾更想借这束光,照亮他们和普通孩子融合相处的世界。她期望教会他们,除了竞争、输赢之外,还有那些最美好的品质,比如合作、接纳和同理心。

▶ 260年前,音乐神童莫扎特为这个世界留下了美好的声音。如今,莫扎特走进了这群特殊孩子的歌声里,他们努力用歌声描摹着天使的样子。关小蕾说:"一群如小星星般闪耀的孩子穿越时空,和莫扎特互相守望为生命放光。"她最终为这台演出命名为《莫扎特的回音》。

本文原载于微信公众号《广州青年之声》
文字　李　玥　　图片提供　广州市少年宫

尾 声

－为你插上翅膀－

▼ 想为孩子插上飞翔的翅膀，老师首先要羽翼丰满；想教会孩子飞翔的技巧，老师一定要技艺娴熟。培养出专业优秀的师资，才能让所有的孩子奏响梦想的乐章……

融合教育概说

一、融合教育的定义

在我国谈融合教育首先应谈"随班就读"。"随班就读指盲、聋、智障儿童和学习困难、语言障碍儿童、行为与情绪障碍等特殊教育需求儿童在普通班级、园所中接受教育,这是特殊需求儿童在正常环境中接受教育的教育安置形式,表现了特殊教育与普通教育的融合。"从20世纪80年代起,随班就读在我国经历了20年发展,取得了长足的进步,期间从称谓与实质经历了"随班就读"至"融合教育"的过程。我国随班就读向融合教育的成长除量的增长外,更是品质的提升。

美国教育改革及融合中心将"融合教育"界定为:"对所有学生,包括障碍程度严重者,提供公平接纳而有效的教育机会,将其安置在住家附近学校且合乎其生理年龄的班级,使用所需的协助与相关服务,使学生日后成为充分参与社会,且对社会有用的一份子。"有关融合教育理念认为:有完整的人生,学会共同生存,以世界为我们的教室,发现天赋并非仅顾及到我们的缺陷。

特殊需求儿童与普通儿童在一起共同学习、成长,同一学校、同一班级的教师、同学,共同经历学习、生活和各类活动并共同成长的教育,称为融合教育。邱上真对融合含义的解释是:所谓融合教育,是一开始即将身心障碍学生安置于普通班而不将之隔离至特殊班或特殊学校,而由普通班老师来照顾班上的每一位同学,但必须给予普通班老师适当的支持系统(例如:咨询教师)、相关服务(例如:辅导咨询)以及教师成长。因此,所有的学生都在主流教室里,个别差异受到尊重而有更好的学习机会。而且每位学生都有依据自己能力来学习的权利,不应有任何理由受到区别待遇。不过，课程必须经过调整或扩张，以符合每个孩子的需求。融合教育与回归主流最大的不同点在于融合教育不是要把学生抽离，再给予特殊服务，而是要把需求带进来给学生。融合教育主张：1. 鼓励自然的支持网络。例如，以小老师制、同伴教学、个别差异时间、补救教学来帮助普通班老师进行教学。2. 调整教室生态。例如，实施合作式学习或变更评量等方式，以帮助特殊需求学生适应普通班的学习。3. 调整教师角色。即教师的角色以促进、支持学生的学习为主，而不只是知识的传递。4. 促进教师以及同伴对个别差异的理解、尊重与欣赏。5. 采取弹性的、开放的、启发的教学策略。

从特殊儿童身心发展规律的角度来说，融合教育越早越好。最佳时机当推早期融合教育，再进入义务教育阶段且延续至高中、职校、大学直至成人生活中，成为可持续发展、贯穿全生涯的融合教育。

二、融合教育的目的

融合教育的目的总括而言，一是为特殊需求儿童服务；二是弥补教育的缺失，追求正义、公正、公平，建设平衡、和谐、高品质的常态教育，让特殊需求学生进入普通教育环境，并获教育实效；三是让所有参与者获得进步。

三、融合教育的特点

（一）融合教育是渐进的

融合教育的第一步是进入班级；第二步是进行教育观念、教学环境、教学的调整，达到教师与学生、学生与学生之间相互帮助、协作、参与、理解、接纳的目的；第三步是形成特殊生与班级普通同学共同生活、学习、朝夕相处，每个人均受益，同分享，共担当，融为一个共同进步的共同体，收到教育实效。这是逐步递进的融合，其中进入、参与、共进是融合步步深入的渐进历程。

（二）每个人都受益，每个人都进步

既有特殊需求学生，也有分层、分类学生，也有全班每一个普通学生，而不只是关注一两个特殊生，或只是关注大多数，融合教育正以自己的努力参与"不让一个孩子掉队"的新的教育追求中。

对于学校，特殊需求学生作为学校的重要资源，促进教育均衡发展，增进了学校的和谐性与丰富性，扩大了学校的接纳度，提高了学校教育教学水平，提升了学校的价值观与课程观。

对于班级，特殊儿童与普通儿童共同创建融合、沟通交流的心理环境与物理环境，大家共同追求"无障碍"。

对于教师，教师从教育观的建设开始，需要在班级管理、个别化教育计划与实施、教学设计与实施、教材、教具、作业、考试、评价等方面进行调整与引导，为此，教师的教学态度将有积极改观，教师的协同、合作精神及教学知识和能力水平都有大幅提升，最终达成资源教师和普通教师各自的成长及共同成长。

对于特殊儿童，在与普通儿童大量的接触和互动中，有了模仿、学习的对象，并能把握成长发展的关键期和奠基期。在支持系统的帮助下，平等参与家庭、学校、社会生活，形成自我成长。

对于普通儿童，给普通儿童学习关心、理解、帮助、支持的机会，看到丰富多彩的表现和行动，学习包容与沟通，学习共处与互动，相互欣赏且合作共进。

对于家长与家庭，特殊儿童的家长与家庭感受到公正、平等，受到尊重。能积极推动和配合教师、班级建设，增进对孩子、对教育的希望与信心。普通儿童家庭与家长看到特殊儿童及自己孩子的成长，同时给予自己孩子以鼓励与引导，增加了家庭教育的内容，开阔了家庭教育的视野。

对于社会，融合教育是文明、和谐社会建设的需要，也是社会文明、进步的明证，是社会成长、成熟的历程。

（三）融合教育是关怀、接纳、付诸行动的教育理论与实践

蔡明富、郑丽月1999年认为：平等受教育权益，共享教育资源，所有儿童不论其感官肢体差别、心智能力高低、情绪表现多元、家庭社会经济差异、文化背景不同等，都应享受同等的教育。融合教育实施对特殊需求学生助益有加，它也可以改变一般社会大众对身心残障学生的歧视与偏见，使其能持续融合于社会中建立一个教育普及所有学生的融合社会。林坤灿认为：融合教育可贵之处，不仅是提供全体学生公平、健全的受教育机会，同时更是促使身心障碍学生进入普通教育现场并参与所有教育活动进而从现场活动中互动而获得进步的过程。他强调对融合教育现场问题的发现、解决问题的策略、方法和行动研究。

（四）融合教育贯通于学龄前、学龄、职业、成人生活，贯通于生涯发展全程

融合教育是对人的终身发展、对全生涯的关照。既有阶段性，即每个阶段有每个阶段的融合内容、融合特点及模式，又有贯通性、连续性。因此学前、学龄、职业、成人各阶段的融合教育前后相连、相关，各环节间的衔接、转换形成了可持续发展的融合教育纵深多维的推展。

张文京
本文节选自重庆师范大学特殊教育系张文京教授主编的《融合教育与教学》一书

用"大特殊教育"的理念培养新师资

1993年,我在教育部世界银行贷款"师范教育发展"项目中申请了一个"高等师范院校增设特殊教育课程"的课题,其中一个子课题就是在普通师范学院开设特殊教育公共选修课程,用"大特殊教育"的理念来培养我国的新师资。

"大特殊教育"理念是指将特殊教育融入所有的教育中,而非仅局限在专门的特教学校。提出这种观念与当时国内外的融合教育发展有关。20世纪80年代,中国的特殊教育出现了一种新的模式——"随班就读"。这就是将残疾儿童安置在普通学校普通班级中接受特殊教育。"随班就读"是中国对融合教育的一种表述,也就是中国融合教育的一种实践形态。国内一些地区开始尝试在盲童、聋童和智障儿童中进行随班就读。正是在这个背景下,我从心理学转向特殊教育,开始关注智力与发展性障碍儿童的研究与教育。我和同事在重庆师范大学成立了一个"弱智教育研究中心"专攻智障儿童的教育。当时的四川省(包括重庆)主要采用了在普通学校开设特教班和随班就读的形式来推进智力与发展性障碍儿童的义务教育。我发现,要推进随班就读,让普通教育的教师具备特殊教育的观念、理论及技能是一个关键问题。这是我们申请这一项目的原因。

项目申请下来以后,我们开始着手了解有关国际融合教育的理念,结合中国西部地区发展随班就读需要解决的实际问题,在重庆市的渝中区和农村地区进行了随班就读的研究。在这个基础上,在重庆师范大学增设了特殊教育选修课程,用大特殊教育的理念来培养师范大学的新师资,期待具有大特殊教育理念的学生在今后的教育工作中不仅愿意接纳特殊儿童,也有能力和方法教好特殊儿童。

为了实现这一目标，我们的课程以"大特殊教育"立意，强调"大特殊教育"就是"现代特殊教育"，重点讲述了三个方面的专题。第一个专题重点讲什么是现代特殊教育，我们将是否开展融合教育作为传统特殊教育与现代特殊教育的"分水岭"，将"随班就读"作为我国现代特殊教育的初级形态，在此基础上不断发展与完善。第二个专题重点讲现代特殊教育的服务对象，我们将"显著个别差异"作为界定特殊儿童的实质因素，并将残疾的概念与世界卫生组织（WHO）的概念结合起来，不再强调一个人，而是从个人与环境的关系上来说明一个儿童具有的特点，或活动局限或参与限制等，这样现代特殊教育的对象不再局限在"盲、聋、弱智"等少数几类残疾儿童，也包括其他具有显著差异的特殊需要的，如学障、情障等儿童，还包括具有显著优势的"超常儿童"。第三个专题重点是讲现代特殊教育的教育教学理论、策略与方法，重点解决如何在普通学校中有效地安置与教育特殊儿童。例如，在教育教学理论与策略方面，讲述了协同教学、"群点"教学、合作学习和精熟教学等理论、策略与方法，并将特教班和随班就读的案例引入教学。由此形成"大特殊教育"的理论体系与实践方式。

大特殊教育课程是面向全校各系学生的公共选修课程，第一次选课的有上百人。这样的选修课程很难组织学生，主要用课程的内容来吸引学生，依赖学生的自觉性。结果第一轮特殊教育公选课程效果不错。每次上课的学生都比较多，参与比较积极，顺利地完成了预期任务。这个特殊教育公共选修课程一直延续到现在。遗憾的是，我们没有机会对选修课程的学生走上教师职业以后，如何对待特殊需要学生进行系统的调查。我们知道，有的学生了解特殊教育后，到国外留学专攻特殊教育。说明这样的课程对学生的后来发展产生了影响。

回头看，其实当时提出的"大特殊教育"的理论对融合教育理解还是比较粗浅的。在后来的特殊教育的研究与实践中，我们对融合教育的目标、特殊教育课程、个别化教育计划拟订与实施、如何建立资源教室和支持系统、实现多学科专业的支持与服务有了更为深入和系统的研究。

在学习了联合国《残疾人权利公约》以后，我们从权利的高度再次认识融合教育，不断充实"大特殊教育"的内涵，将"反歧视"、"合理便利"、"沟通"、"通用设计"和"辅助技术"等理念融入到"大特殊教育"的理念中，使其理论体系越来越完善，实践形态越来越丰富、有效。

相信随着"大特殊教育"的理论与实践不断的丰富完善，特殊教育公共课程在培养具有融合教育理念的师资方面将产生更为有效而深刻的影响。我们正在积极呼吁师范院校将特殊教育公开选修课程改变成为公共必修课程，让特殊教育成为新师资的必备理念与实践技能。

北京联合大学特殊教育学院教授　许家成

用专业的力量　奏响梦想的乐章

教师是无限光荣的职业，他们付出诸多心血和努力，呵护着孩子们的成长。作为幼儿师范高等专科学校的副校长，我进入学前教育行业近三十年，对学前儿童的关注没有停止过，对幼儿教师培养的关注也从来没有止步。

一个偶然的机会，我得知从我校毕业的蔡蕾园长正在进行学前融合教育的理论研究和实践探索，并且已经走在国内前列。为此，我拜访了蔡园长，交谈中我看到了一个学前教育工作者对教育的挚爱，对有特殊需要孩子的关注、仁爱和奉献，我为我们学校能培养出这么有社会责任感的毕业生感到骄傲！同时也深深感到折翅天使们对教育的渴望和呼唤！他们的生存权、教育权、人格权亟需保障，他们更需要全社会的关心、关注和帮助。没有特殊教育的教育，是不完全的教育；不了解特殊教育，就不算全面地了解教育。发展学前融合教育是一项伟大的事业，正在蓬勃发展中的学前教育，如果不能给特殊需要孩子提供应有的教育机会，也是不完整的！如何给予学前特殊儿童基本的受教育机会，如何让这些孩子在进入幼儿园之后得到真正的帮助和发展，这是我们学前教育工作者应当思考的问题。

想为特殊需要孩子插上飞翔的雏翅，特殊需要孩子的老师首先要羽翼丰满；想教会特殊需要孩子飞翔的技巧，那么特殊需要孩子的老师一定要有扎实的专业知识和娴熟的专业能力。于是，学前特殊教育专业化的问题在我心里生根发芽，用专业的力量来帮助特殊需要孩子的愿望愈发迫切。作为专门培养和培训学前教育师资的高等专科学校，学前教育专业是我们学校的品牌专业，是中央财政支持的重点专业，是河南省的特色专业。基于六十多年学前教育师资培养的丰富经验，我们先期开设了《特殊儿童教育》选修课程，帮助学生了解特殊儿童，掌握特殊教育知识、技能和方法。

接着我们又开始了学前教育专业融合教育方向的人才培养，聘请了以奇色花福利幼儿园融合教育专家为骨干的专家团队担任"双导师"，增加了艺术调理等实践类课程的比例。两年来学前教育专业融合教育方向的学生们，凭着对特殊孩子深深的爱，凭着他们扎实的学前教育基础、专业的特殊教育技能，很受用人单位青睐，连年就业率接近100%。

可喜的是，河南省委省政府高瞻远瞩，关注各类社会群体，关注学前特殊儿童的受教育权，在《河南省特殊教育提升计划（2014-2016）》中，明确提出以我校为依托，成立"学前融合教育支持发展中心"。该中心的成立和运作极大地推动了学前融合教育的发展。2015年6月23日，河南省首届学前融合教育培训在我校开展，覆盖全省28个县市的45所幼儿园的园长和骨干老师参加了此次培训。一批高水平的擅长学前融合教育的专业幼儿教师脱颖而出，这必将使更多的特殊需要孩子接受到专业的学前教育服务。

我们将强力推进学前融合教育理念，强力构建更专业的学前融合教育专家团队，我们有信心培养出更多的学前特殊教育师资，用专业的力量推进学前融合教育的发展，让更多特殊需要孩子奏响梦想的乐章！

郑州幼儿师范高等专科学校副校长　郑国香

后　记

　　这是一次很独特的编辑经历。很多个日日夜夜，我沉浸在文稿的海洋中，觉得很幸福。每天早晨醒来，我都期待新的稿件会在邮箱里等着我，我期待读到那些动人的小故事，或是充满振奋和启迪的新观点。我了解到原来有那么多人一同走在融合理念倡导和实践的道路上，只为了"生命本就平等，理应共享美好"的信念。而那块陡坡上的巨石，也在无数手臂的合力推动下，开始缓慢向上挪移。身为特殊孩子母亲的我，内心有太多无法言喻的感动，常常看着看着就流下泪来。每个时代，都有一些人为了让世界更美好的理想而奋斗，在我们这个时代，特殊需要人群给了我们一个共同的方向，而我的孩子则给了我和这些人并肩的理由。

　　在编辑的过程中，我遇到了太多给予我们无私帮助的人，他们或者不吝赐稿，或者给我们很多启发和建议。正是如此，本书才能收录到这么多与融合相关的优秀稿件，并能以这样独特的形式呈现在大家面前。特别要感谢《有人》杂志的主编蔡聪老师，他本身就是一位视障人士，在短短十几分钟时间内，他通过辅助工具浏览了几十篇文章的目录，并且迅速理出所有文章和图片的逻辑线索，进行了富于艺术性和创造性的编排设计。其逻辑思维之清和文字感受能力之强实在令我赞叹敬佩，而他的谦和、达观和睿智，也让我每次和他通完电话后内心总是充满了轻松和喜悦。如果从普通和障碍这样狭隘的角度上来说，我们的相处也可算做是一种融合，但我分明是个单向的受益者。生命影响生命，其实并不总是朝着我们以为的方向。我也真正体会到了融合不只关乎于特殊和普通、不只关乎于教育，它其实还关乎于人对于同类的态度，对于与自己不同的观点、特质、呈现方式的接纳和尊重，关乎于无条件的爱。而它，就发生在我们生活的时时处处、点点滴滴中。

所以说，这本书从内容到形式都是融合的成果。愿它能到达寻求和渴慕之人手中，带他一起走在爱的道路上。

编 者